D1669083

INKLUSIONS-MATERIAL
Deutsch
Klasse 5–10

Aurelia Pertek/Stephanie Scheler

Mit einer Einführung von Andreas Hinz

Cornelsen

Der Herausgeber
Michael Klein-Landeck ist Gesamtschullehrer für Englisch, Sport und Musik sowie Dozent an der Universität Hamburg. Seine Forschungsschwerpunkte sind Reform- und Montessori-Pädagogik.

Die Autorinnen
Aurelia Pertek ist Sonderpädagogin mit den Förderschwerpunkten Lernen und Sprache. Sie hat in Hamburg am Aufbau der inklusiven Regelschulen mitgearbeitet.

Stephanie Scheler ist Sonderpädagogin mit dem Unterrichtsfach Deutsch und arbeitet an einer Ganztagsstadtteilschule in Hamburg.

Bildquelle:
S. 46 – Simbolo (2010), Notationssystem. © Bernd Bielefeldt, Duisburg, und Wolfgang Peck, Krefeld.
Die Fotos auf S. 67, S. 73, S. 91, S. 94, S. 95 und S. 101 stammen von den Autorinnen.

Projektleitung: Franziska Wittwer, Berlin
Redaktion: Marion Clausen, Berlin
Grafik: Kristina Wiedemann, Berlin
Umschlagkonzept/-gestaltung: Ungermeyer, Berlin
Layout/technische Umsetzung: Ludger Stallmeister, Wuppertal

www.cornelsen.de

1. Auflage 2016

© 2016 Cornelsen Verlag GmbH, Berlin

Druck: CPI – Clausen & Bosse, Leck

ISBN 978-3-589-15855-3

 Inhalt gedruckt auf säurefreiem Papier aus nachhaltiger Forstwirtschaft.

Inhalt

Hinweise:

Es sind selbstverständlich stets beide Geschlechter gemeint, auch wenn aus Gründen der besseren Lesbarkeit nur eine Form verwendet wird.

Vergrößern Sie die Kopiervorlagen mit 141%, um eine DIN-A4-Seite zu erhalten.

Alle Kopiervorlagen finden Sie in Kapitel 6 ab Seite 132.

Als die ersten inklusiven Jahrgänge eingeschult wurden, begann dies für viele Klassen als Abenteuer. Wir haben selbst bereits damals mit der inklusiven Arbeit begonnen. Unser Glück war, dass wir Erfahrungen und Kompetenzen aus mehrjähriger beruflicher Tätigkeit in Integrationsklassen und inklusionsähnlichen Systemen mitbrachten. Dennoch empfanden auch wir den Start in den inklusiven Unterrichtsalltag als schwierige Herausforderung.

Unsere Schule in Hamburg hat hilfreiche organisatorische Strukturen entwickelt, verfügt über eine gute personelle Besetzung und einen Fundus an differenzierten Materialien – dennoch tun sich immer wieder neue Probleme auf: Da gibt es Teamprobleme, den Abzug der Doppelbesetzung für Vertretungsunterricht, unglückliche Schüler wegen der Nichtbenotung und oft eine überaus hohe Arbeitsbelastung.

Getragen von dem Glauben an die Sinnhaftigkeit des inklusiven Unterrichts haben wir stets alle Schüler mit einbezogen und ihnen sinnvolles Lernen an jedem Inhalt zugetraut. Ob Klassiker oder Jugendbuch, Grammatikthema oder Inhaltsangabe: Alle Schüler arbeiten nach ihrem Vermögen mit. Wir muten ihnen auch die Themen zu, die im Sonderschulcurriculum nicht enthalten sind. Wenn ein Schüler mit Förderbedarf *Geistige Entwicklung* begeistert von Schillers Räubern schwärmt, ist das eine wunderbare Bestätigung. Gerade der Deutschunterricht bietet viele Chancen für individualisierte Lernangebote. Es geht darum festzustellen, wo jeder einzelne Schüler der Lerngruppe steht, welcher nächste Schritt für ihn sinnvoll ist und welche Unterstützung er dabei braucht.

Der sonderpädagogische Förderbedarf interessiert vor allem, wenn es um die daraus resultierenden Rechte geht: Wer hat Anspruch auf einen Nachteilsausgleich, wer braucht nicht benotet zu werden oder wird mit einem individuellen Förderplan bewertet?

Das Erfolgsrezept für inklusiven Deutschunterricht haben auch wir nicht zu bieten. Die Methoden und Inhalte sind bekannt; sie werden aber anders gewichtet, erweitert oder neu strukturiert, damit wirklich jeder Schüler am gleichen Unterrichtsgegenstand seine persönlichen Lernfortschritte machen kann.

Wir stellen Ihnen erprobte Unterrichtsmaterialien vor, die Sie für Ihre Lerngruppen leicht verändern können. Dabei wünschen wir Ihnen viel Erfolg!

Hamburg, im Oktober 2015
Aurelia Pertek und Stephanie Scheler

Inklusion ist in aller Munde. Das war zur Jahrtausendwende noch anders, denn Inklusion als Begriff im pädagogischen Kontext war im deutschen Sprachraum so gut wie unbekannt und fand erst in den folgenden Jahren zunehmend Verwendung (vgl. z. B. HINZ 1996, 2000, 2002). Heute sprechen alle – logischerweise insbesondere in pädagogischer Praxis, Bildungspolitik und Bildungsverwaltung – von Inklusion, nachdem sie, angestoßen durch die UN-Behindertenrechtskonvention, stärker als juristische Verpflichtung wahrgenommen wird. Gleichzeitig werden die Verständnisse von Inklusion immer diffuser – wie üblich, wenn Begriffe in einer Welle hochgespült und schnell zu modischen „In-Begriffen" werden (HAEBERLIN 2007, hier weitgehend synonym mit Integration verwandt). Insofern drängt sich der Verdacht auf, dass sich innerhalb von etwas mehr als zehn Jahren ein recht schneller Wandel „von der Unkenntnis zur Unkenntlichkeit" vollzogen hat (vgl. HINZ 2013). Daher erscheint es auch heute wichtig, die Diskussion darüber zu führen, was es mit dem Inklusionsbegriff im Kontext von Schule auf sich hat und welche Folgen für den Unterricht entstehen können.

Die internationale Diskussion um „inclusive education"

Häufig ist in der Literatur zu lesen, die internationale Debatte und die Entwicklung inklusiver Bildung habe mit der Salamanca-Erklärung begonnen. Sicherlich bildet diese weltweit verabredete, doch rechtlich unverbindliche Empfehlung aus dem Jahr 1994 ein wichtiges Dokument in diesem Kontext, der Beginn liegt jedoch weitaus früher. So taucht „inclusive education" nach SKRTIĆ (1995) erstmalig 1976 in einem Aufsatz auf. In Nordamerika ist sie eng mit der kritischen Wahrnehmung der Integration entsprechend „der am wenigsten einschränkenden Umgebung" mit ihrer differenzierten Struktur verbunden – je nach Unterstützungsbedarf teilweise oder in Vollzeit. Gerade dortige Interessenvertretungen für Menschen mit schweren Behinderungen wie TASH in den USA oder CACL in Kanada kritisieren, dass dieses „Kaskadenmodell" mit unterschiedlichen Integrationsstufen aus den 1940er-Jahren einen „nicht integrierbaren Rest" produziert, der in besonderen Systemen verbleibt und bei dem sich dann u. U. die Frage nach Bildung und deren Ersatz durch Betreuung stellen könnte (vgl. HINZ 2008).

In anderen Ländern wird „inclusive education" auch mit anderen Aspekten von Vielfalt verbunden, etwa in Indien mit „poverty, cultural bias, systemic exclusion" (ALUR 2005, 130). Charakteristisch ist dabei, dass auf die Barrieren „Armut, kulturelle Befangenheit und systemische Aussonderung" in Systemen fokussiert wird und nicht auf „Arme", „Mädchen" und „Behinderte". Gleichwohl finden sich in verschiedenen Kontexten Hinweise darauf, dass es auch international ein Verständnis gibt, das „inclusive education" vornehmlich bis exklusiv auf den Aspekt von Beeinträchtigung beschränkt sieht – und vielfach gibt es Distanzierungen von diesem verengten Verständnis, so z.B. im südafrikanischen Kontext: „There is a tendency in education circles to equate the international inclusive education movement with disability and other ‚special needs'. ... It is important to address the challenges of inclusion in the context of addressing *all* forms of discrimination. This means that discrimination and exclusion relating to social class, race, gender and disability and other less obvious areas (such as different learning styles and paces) should be addressed in a holistic and comprehensive manner" (LAZARUS/DANIELS/ENGELBRECHT 1999, 47f.; Hervorh. i. O.). [1]

Offenbar gibt es also international unterschiedliche Positionen zu der Frage, wie eng oder weit der inklusive Blick zu fassen ist. Hierbei spielen auch Interessenlagen von Verbänden eine Rolle: So sorgten Behindertenverbände in Südafrika dafür, dass die dortige inklusive Bildung nicht dem englischen Konzept „barriers for learning and participation" (BOOTH/AINSCOW 2002) folgt, mit dem Barrieren für das Lernen und die Teilhabe aller Beteiligten, Kinder wie Erwachsener, wahrgenommen und abgebaut werden, sondern mit stärkerer Betonung sonderpädagogischer Aspekte; es wird von „barriers for development", also Barrieren für die Entwicklung, gesprochen (vgl. NAICKER 1999), mit denen Schülerinnen und Schüler auf vielfältige Weise konfrontiert sein können.

Eine Beschränkung von inklusiver Bildung auf einen Aspekt von Vielfalt – Beeinträchtigung – erscheint schon deshalb problematisch, weil Menschen sich in vielfältigen Zusammenhängen befinden und Diskriminierungsprozesse sich nicht auf einen Aspekt begrenzen lassen. Somit wird ein solches eindimensio-

---

1 „Es gibt eine Tendenz in pädagogischen Kreisen, die internationale Bewegung für inklusive Bildung mit Beeinträchtigung und anderen ‚besonderen Bedürfnissen' gleichzusetzen. ... Es ist wichtig, die Herausforderungen der Inklusion im Kontext *aller* Formen von Diskriminierung zu sehen. Das bedeutet, dass Diskriminierung und Aussonderung, die mit sozialen Milieus, Hautfarbe, Geschlechterrollen, Behinderung und anderen weniger offensichtlichen Bereichen (wie unterschiedliche Lernstile und -geschwindigkeiten) verbunden sind, in einer holistischen und ganzheitlichen Weise angesprochen werden sollten."

nales Konzept inklusiver Bildung dem umfassenden Anspruch von Inklusion nicht gerecht, sondern zementiert die Sonderstellung des entsprechenden Personenkreises und die Fokussierung auf dessen Beeinträchtigung – bei den Betreffenden selbst wie bei ihrem Umfeld – mit den problematischen Folgen der Typisierung und Stigmatisierung (vgl. BOOTH 2008, BOBAN/HINZ/PLATE/TIEDEKEN 2014).

Die Eckpunkte von Inklusion

So komplex sich auch die internationale Debatte darstellt – im Rückblick lassen sich in deutlicherer Systematisierung einige Eckpunkte herauskristallisieren, die wie folgt zusammengefasst werden können (vgl. HINZ 2004, 46 f., BOBAN/ HINZ 2014):

Im inklusiven Verständnis ist die Vielfalt von Menschen etwas Positives, mit dem die Beteiligten so umgehen, dass sie – bei allen Konflikten und Spannungen – für die Entwicklung von Menschen und für ihr Zusammenleben förderlich ist und nicht durch Aufteilungen und Zuordnungen „wegorganisiert" werden müsste.

Eine inklusive Sicht bezieht sich auf alle Aspekte der Vielfalt von Menschen, seien es unterschiedliche Fähigkeiten, Geschlechterrollen, ethnische Herkünfte, Nationalitäten, Erstsprachen, Hautfarben, soziale Milieus, Religionen, sexuelle Vorlieben, körperliche Bedingungen, politische und philosophische Orientierungen und andere mehr. Dabei sind nicht die Merkmale an sich wichtig, sondern die gesellschaftlichen Bedeutungen, mit denen sie verbunden werden und bei denen das Individuum hinter einer dominierenden, negativ (oder auch positiv) bewerteten, zugeschriebenen Eigenschaft zu verschwinden droht. Hinter jedem dieser Aspekte steht jeweils eine Debatte um gesellschaftliche Diskriminierung – um Sexismus, Rassismus, Sozialdarwinismus, Fettismus, Heteronormativität, Islamfeindlichkeit, Adultismus etc. Diese Aspekte werden nicht wie bisher getrennt diskutiert, sondern nun in einen Gesamtzusammenhang gebracht.

Inklusion ist an den universellen Menschenrechten und der Bürgerrechtsbewegung orientiert und wendet sich gegen jede Form von Diskriminierung und Marginalisierung, also jede Tendenz, eine Person aufgrund jeglicher Zuschreibungen und/oder exklusiver Strukturen und Rahmenbedingungen an den Rand zu drängen und für sie Barrieren für Selbstbestimmung und gleichberechtigte Partizipation aufzubauen oder beizubehalten.

Inklusion ist keine primär pädagogische Orientierung, sondern eine weltweite, gesamtgesellschaftliche Entwicklungsperspektive mit der Vision einer inklusiven Gesellschaft, die sich in allen Bereichen mehr und mehr realisieren soll – auch in der Bildung.

Damit ist deutlich, dass Inklusion immer auch einen visionären Anteil hat und nie als vollständig erreichbar angesehen werden kann. Moderne, arbeitsteilige Gesellschaften haben eher die Tendenz, Diskriminierung und Exklusion gegenüber bestimmten Gruppen zu verstärken und sich in Krisenzeiten sozial zu spalten. Gleichwohl gibt der normative „Nordstern" der Inklusion Orientierung für nächste konkrete Entwicklungsschritte, die unmittelbar angegangen werden können – und vor dem Hintergrund der universellen Menschenrechte sowie deren Bestätigung durch die UN-Behindertenrechtskonvention durch Einzelne und die Gesellschaft als Ganzes auch umgesetzt werden müssen.

Mit einem solchen Blick bietet inklusive Pädagogik als Konzept die Chance, über die Integration bestimmter Gruppen *in etwas Bestehendes hinein* hinauszugehen, also von einem tendenziell assimilativen zu einem stärker transformativen Verständnis zu kommen (vgl. BOOTH 2008) und die unangemessene Definition von verschiedenen, scheinbar eindeutig abgrenzbaren Gruppen, etwa „Behinderte" und „Nichtbehinderte" oder „Deutsche" und „Ausländer", also die alltäglichen Zwei-Gruppen-Theorien, zu überwinden. Vielmehr kann man sich der Vorstellung eines ununterteilbaren Spektrums sowohl gleicher als auch verschiedener Individuen annähern, wie sie bereits die Theorie integrativer Prozesse in den 1990er-Jahren vertritt (vgl. REISER 1991, HINZ 1993). Damit werden alle Pädagogiken und pädagogischen Professionen für Heterogenität zuständig, anstatt ihre Aufteilung weiter zu zementieren. Der Blick richtet sich auf die Veränderung und Weiterentwicklung der pädagogischen und institutionellen Bedingungen statt auf die Veränderung von Lernenden und ihre „richtige Platzierung" oder auf die Absicherung – wie neuere sonderpädagogische, sich inklusiv gebende Ansätze behaupten – ihrer „responsiven Entwicklung" (vgl. HINZ/GEILING/SIMON 2014).

Drei Perspektiven auf Inklusion

Für eine genauere Betrachtung inklusiver Pädagogik ist es sinnvoll, drei sich ergänzende Perspektiven auf Inklusion zu unterscheiden (vgl. Booth 2008, 53-64): Eine erste Perspektive richtet sich auf die Teilhabe von Personen. Hier wird die Frage nach der vollen Partizipation für die einzelne Person an allen gesellschaftlichen Bereichen gestellt. Dies ist auch ggf. die Ebene juristischer Auseinandersetzungen, bei denen die Realisierung von Menschenrechten überprüft wird. Diese Perspektive ist unverzichtbar, da mit ihr die Möglichkeiten demokratischen Umgangs miteinander stehen und fallen. Problematisch kann dabei jedoch sein, dass die Partizipation von der Überwindung eines bestimmten, u.U. behindernden Merkmals abhängig gesehen wird.

Eine zweite Perspektive bezieht sich auf Teilhabe an und Barrieren in Systemen. Sie stellt die Frage, wie vorhandene Systeme – etwa Schulen – mit der Heterogenität derer umgehen, die sie in Anspruch nehmen (müssen). Ein prominentes Beispiel für die Bedeutung dieser Perspektive bildet die langjährige Überrepräsentanz männlicher Jugendlicher mit islamischem Migrationshintergrund beim Ausschluss aus allgemeinen Schulen und beim Übergang in Schulen für Lernbehinderte, die wesentlich durch „strukturelle Diskriminierung" begründet ist (vgl. Gomolla/Radtke 2009). Während bei der ersten Perspektive „das Problem" eher bei der einzelnen Person lokalisiert wird, wird es auf der zweiten Ebene im System selbst verortet – hier ist also die systemische Qualität und ihr mehr oder weniger vorhandenes inklusives Potenzial gefragt, sei es in einer einzelnen Schule, in einem Kooperationsverbund, einer Region oder im Bildungssystem insgesamt.

Eine dritte Perspektive schließlich fragt nach der inklusiven Grundorientierung, die die Basis für das Selbstverständnis einer Bildungseinrichtung bildet. Hier geht es um die grundlegende Wertorientierung eines Systems, und damit stehen viele Themen mit ihrer Bedeutung und ihrem Verständnis zur Debatte. Dabei gibt Booth nicht etwa einen festen Kanon bestimmter inklusiver Werte vor – was ein gerade angesichts der deutschen Geschichte und ihren Missbräuchen wertegeleiteter Erziehung problematisches und zu recht Misstrauen erregendes Vorgehen wäre –, vielmehr bietet er ein sich immer wieder auf der Basis seiner eigenen Reflexion veränderndes Geflecht von Überschriften („headings") an, die es zu reflektieren gilt (vgl. Boban/Hinz 2014). Da auch jede Schule auf Wertorientierungen basiert, stellt sich die Frage, wie weit...

a. sie auf den Menschenrechten basieren,
b. sie den Beteiligten bewusst sind,
c. ein Konsens in der Schule über sie besteht und
d. sie mit dem konkreten Handeln verbunden sind.

Die gemeinsame Reflexion über die Grundorientierung und die Feinjustierung ihrer inklusiven Ausrichtung ist eine Daueraufgabe für jede pädagogische Einrichtung.

Wie BOOTH (2008) anmerkt, bleibt jede einzelne Perspektive der Betrachtung notwendigerweise beschränkt, erst ihre Ergänzung ermöglicht eine inklusive Perspektive. Inklusion bezieht sich also auf Prozesse der Weiterentwicklung von Bildungseinrichtungen, hier von Schulen, im Sinne der drei Perspektiven: der Möglichkeiten der Partizipation aller Menschen, des Abbaus von Barrieren im System selbst und der dem Handeln zugrunde liegenden Wertorientierungen auf der Basis der Menschenrechte.

Folgen für den Unterricht

Nun könnte es so aussehen, als ob völlig neue Anforderungen auf die allgemeinen Schulen zukommen würden. Das ist jedoch nur teilweise der Fall, nämlich wenn Schulen weitgehend nach alten Traditionen des gleichschrittigen Lernens im fragend-erarbeitenden Unterricht vorgehen und Lehrer und Lehrerinnen laufend Fragen stellen, die sie selbst am kompetentesten beantworten könnten. In jeder Schule gibt es jedoch vielfältige Praktiken, die zumindest inklusives Potenzial haben und versuchen, auf die vorhandene Vielfalt der Schülerschaft besser einzugehen. Das mögen projektorientierte, fächerübergreifende oder Methoden des kooperativen Lernens sein, ebenso wie ökologische, musische, sportliche Schwerpunkte, die „gesunde", die „gewaltfreie" oder die Europa-Schule. Jede Schule kann auf eigene Praktiken blicken, die inklusiv wirksam sind – und keine fängt beim Punkt Null an. Dies mag sich anders darstellen, wenn Inklusion auf den Aspekt Beeinträchtigung verkürzt wird, zumal dann auch schnell die Sonderpädagogik und die entsprechenden Kolleginnen und Kollegen als zunächst zuständig angesehen werden – und damit wäre der größte Teil innovativen Potenzials von Inklusion verschenkt.

Letztlich geht es auch beim inklusiven Unterricht um die immer schon zentrale pädagogische Frage, wie es gelingen kann, dass – hier sehr und gewollt –

unterschiedliche Kinder und Jugendliche im sozialen Kontext einer Lerngruppe kontinuierlich miteinander aufwachsen können und Unterricht sowohl für jeden Einzelnen Lernzuwächse ermöglicht, als auch für die soziale Gruppe Prozesse der Auseinandersetzung und der Kooperation sichert, so dass der soziale Zusammenhang gewahrt bleibt. Hierfür stellt die Gesamtschulpädagogik Strategien wie das Team-Kleingruppenmodell oder das Kooperative Lernen bereit, die integrative Pädagogik hat sie unter dem Aspekt großer Leistungsheterogenität weiterentwickelt (vgl. HINZ 2006). Letztlich geht es um die Balance von individualisiertem und gemeinsamem Lernen (vgl. HINZ 2004).

Inklusive Pädagogik stellt in diesem Zusammenhang nichts grundsätzlich Neues dar, sie bringt „lediglich" die unterschiedlichen Aspekte in einen systematischen Zusammenhang und greift dabei häufig auf die Pädagogik der Vielfalt zurück (vgl. PRENGEL 1993, HINZ 1993).

Ohne einen „Königsweg" zum inklusiven Unterricht behaupten zu wollen, erscheinen zwei Ansätze des Lernens unter inklusiven Gesichtspunkten als bedeutsame Wegweiser, die ein produktives Potenzial der Verunsicherung aufweisen: das pluralistische Lernen aus dem Bereich der demokratischen Bildung und das expansive Lernen aus der Kritischen Psychologie.

Pluralistisches Lernen

Pluralistisches Lernen, so Yaacov Hecht (bekennender, hoch kompetenter „Schulversager" und Gründer der ersten demokratischen Schule in Israel), berücksichtigt die Einmaligkeit jeder Person und basiert auf der Überzeugung des für alle Menschen gleich geltenden Rechts, diese Einmaligkeit auch ausdrücken zu können (vgl. HECHT 2010). Ein Bildungssystem, das diese Einmaligkeit nicht berücksichtigt, ignoriert die Person, mit der es zu tun hat. Es mag Aspekte dieser Person, also verallgemeinerbare Ähnlichkeiten einer Gruppe wie dieser Person berücksichtigen (Alter, Herkunft, typisches Pausenverhalten etc.), so als wären alle Kopien voneinander und lediglich eine variierende Summe von Eigenschaften, nicht aber ein einzigartiger Mensch, bestehend aus einem einmaligen multi-zellularen genetischen Code und ohne auch nur eine einzige humane Entsprechung. Diesen Personen, deren Beiträge zur Welt immer einmalig sind, will pluralistisches Lernen Rechnung tragen. Ein Schritt hierzu ist die bewusst wahrgenommene Differenz zwischen Weltwissen und Schulwissen (vgl. Abb. 1).

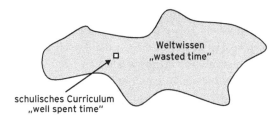

Abb. 1: Weltwissen und Schulwissen (nach HECHT 2002, 5)

Die Wolke repräsentiert das gesamte Weltwissen in seiner sich ständig vergrößernden Komplexität, das kleine Quadrat symbolisiert das Wissen, das traditionell per tradiertem Unterricht gelehrt und als obligatorisches Curriculum den Lernenden einzig zugänglich ist – und dies auch noch allen zur selben Zeit. Nur diese Hinwendung zur gleichen Zeit, zum gleichen Thema und auf die augenscheinlich gleiche Weise gilt als gut verbrachte Zeit – alles andere wird als Zeitverschwendung eingestuft. Also verharren die meisten Lernenden in großer Zahl auf engem Raum und versuchen sich in dem Kunststück, sich selbst und eigene Erkenntnisinteressen und Bedürfnisse, die eigene Frage und Neugier im Blick zu behalten und sich dennoch gleichzeitig an das große Ganze anzupassen. Nicht selten führt dies zu dem Ergebnis, dass diese Assimilation den Verlust sowohl der eigenen wie der Wahrnehmung der anderen bewirkt (vgl. HECHT 2002, 5).

Innerhalb des Quadrats versuchen alle, sich so gut es geht an die Vorgaben zu halten und dem je geforderten Format anzupassen. Dies ermöglicht, sie anhand eines klaren Kriteriums zu klassifizieren und nun als (Hoch-)begabte, Gute, Durchschnittliche, Schwache und Schlechte zu konstruieren. Da suggeriert wird, dass die Passung innerhalb des Quadrats die essenzielle Vorbereitung auf das Leben sei, wird diese Einschätzung von vielen sehr ernst genommen. Der größte Erfolg des Systems, so Hecht, liegt darin, „Squaristics" (ebd., 6) also „Quadratisten" zu erzeugen, die ihre (Lern-)Erfolge nur nach Bedeutungsgraden innerhalb des Quadrats kategorisieren und bewerten. Solange der dortige Maßstab gilt, glauben sie einschätzen zu können, ob sie einen Wissenszuwachs haben und von welcher Qualität ihr Können ist – immer bezogen auf das curricular relevante Faktenwissen im Quadrat.

Die vermeintliche Gewissheit, das einzig Richtige auf die einzig richtige Art gelernt zu haben, weil es ihnen erst angetragen, dann motivierend nahe gebracht, schließlich beigebracht wurde, Schritt für Schritt in der dafür angesetzten Zeit, suggeriert in jedem Fall, eigene Lernzeit gut verbracht zu haben. Die Wissensautoritäten, so Hecht, verabreichen didaktisch aufbereitetes Material Häppchen für Häppchen und verfüttern den Stoff an die Wissenshungrigen, auf dass sie satt und vom Nichtwissenden zum Wissenden werden. Wenn falsche Antworten vom „guten Pfad der Linearität" wegführen und bei jeder unerwarteten Antwort Warnlampen anspringen, wird Monodenken genährt (vgl. Abb. 2). Diese Charakterisierung einer Kultur eines künstlichen und reaktiven Lernens ruft dann geradezu nach Formen der Hilfe und Ergänzung wie Nachhilfe oder nach anderen individuellen Anpassungstricks und -strategien. „Individuelle Förderung" ist relativ leicht in die lineare Dynamik einzufügen (vgl. BOBAN/HINZ 2012). Dann heißt es oft, man müsse die Lernenden dort abholen, wo sie stünden.

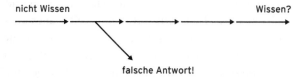

Abb. 2: Fehler im linearen Lernen (nach HECHT 2002, 7)

Auf diesem schmalen Grat drängelt sich zeitgleich eine Masse von Menschen, stets in der Gefahr abzustürzen, wenn sie dem Plan der Autoritäten nicht voll entsprechen können. In der Lehrerfortbildung soll dann geklärt werden, wie Lernen Spaß machen kann und wie man die Lernenden motivieren kann, sich den Fragen zuzuwenden, für deren Verkauf die Lehrpersonen bezahlt werden. Wer hier mit falschen Antworten lernend abbiegt, landet woanders, in anderen Klassen, Schulen und Schultypen und ggf. in der Psychiatrie oder im Gewahrsam der Polizei, wenn die Unterwerfung nicht aushaltbar ist und durch Schulabsentismus gelöst wird – so Hechts Analyse der bisher üblichen „Spielregeln".

Die Perspektive des pluralistischen Lernens erlaubt zu erkennen, dass es außerhalb des Quadrats keine Notwendigkeit für diese Form des Balanceakts gibt. Hier wird in spiralförmigen Bewegungen um Wissenszuwächse gerungen. Je größer aber der Wissenszuwachs wird, umso größer wird auch das Erkennen, was alles mit ihm im Zusammenhang steht und noch unklar ist. Hecht mutmaßt, dass Stephen Hawking das umfassendste Wissen über schwarze Löcher in der Astrophysik hat und deshalb zugleich derjenige sein dürfte, der die meisten unbeantworteten Fragen hierzu hat.

Die echte Hinwendung zu dem je eigenen Interesse ist jedoch nicht so einfach, wie es den Anschein haben mag, denn echtes Interesse und ernsthafte Hinwendungsbereitschaft sind oftmals verschüttet oder werden durch eine Flut von Informationen gestört. Wenn aber vertiefendes, selbst gesteuertes Lernen im unendlichen Feld des Weltwissens und im Modus der „Zeitverschwendung" stattfindet, dann lässt sich pluralistisches Lernen mit dem Bild der Spirale und vier immer wieder zu durchlaufenden Bereichen darstellen (vgl. Abb. 3): Sie beginnt im bewussten Nichtwissen, erste Suchbewegungen führen zum Entdecken, neue Erkenntnisse fügen sich zusammen zum Wissen, bis neue Fragen zum Zweifeln führen, sicher zu Wissen Geglaubtes stirbt und neue Samenkörner anderer Ideen ausgesät werden, die mit neuen Zutaten und vertiefter Hinwendung zu sprießen beginnen, Blüten und Früchte des Wissens tragen, bis auch sie welken und eingehen.

Abb. 3: Pluralistisches Lernen als Spiralprozess (nach HECHT 2002, 14)

Damit nimmt Hecht die alte Idee des hermeneutischen Zirkels, der für die forschende Annäherung an einen Gegenstand steht, für das Lernen insgesamt auf. Das je eigene Interesse zu finden und zu bewahren, ist demnach der eigentlich zu unterstützende Prozess einer inklusiven Pädagogik. Vom Lernenden gewählte Lernbegleiterinnen und -begleiter bieten durch Präsenz einen kontinuierlichen Dialog über die eigenen – meist in Lernkollektive eingebundene – Aneignungswege des Lernens. Sie sind vor allem in den Bereichen des Zweifelns und des Nichtwissens wichtig, in den anderen könnten sie störend wirken und sollten sich eher zurückhalten.

Expansives Lernen

Die kritische Analyse bisher dominierender „Spielregeln" teilt der Kritische Psychologe Klaus Holzkamp, der die Entstehung von „Lernbehinderungen" direkt mit der Art des „Lehrens" (1991) in Zusammenhang bringt. Standards, vorgegebene Curricula und Vergleichsarbeiten führen u. a. zu der Gefahr, dass so auch wohlmeinende Formen individueller Förderung zu kompensatorischer Nachhilfe gerinnen. Bleibt es bei einer chronischen Fehlforderung von zwar gut unterrichteten Personen, die aber dennoch oder gerade deshalb wenig lernen, indem unabhängig von ihren eigenen Interessen und Fragen und unverknüpft mit ihren Fähigkeiten Anforderungen formuliert werden, wird dieses bei vielen beteiligten Individuen Langeweile, Frustration, Ängste und Stress erzeugen. Dies hängt wesentlich von zwei Faktoren ab: zum einen davon, wie aktiv oder passiv, und zum anderen, wie vorgegeben oder selbst gewählt gelernt werden kann (vgl. BOBAN/HINZ 2012 und Abb. 4).

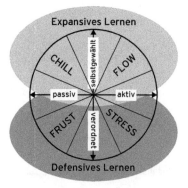

Abb. 4: Lernbedingungen und ihre tendenziellen Folgen (BOBAN/HINZ 2012, 67)

Zu konstatieren sind demnach folgende dominierende Tendenzen, die in der Realität immer auch Anteile des je anderen enthalten: Besteht Aktivität vorwiegend aus dem Erfüllen verordneter Aufgaben, entsteht bei vielen Lernenden Stress, dominiert hingegen passives Stillsitzen und Zuhören, entsteht vielfach Frust. Häufig kommt es zu beidem bei verschiedenen Lernenden gleichzeitig, weil Lehrende in einem im Wesentlichen durch sie gesteuerten Unterricht in die schwierige Motor-Brems-Dynamik geraten, bei der sie einige anschieben und andere verlangsamen zu müssen meinen. Der hohe Grad an Stress für die Lehrenden entsteht letztlich dadurch, dass sie alle Lernende in einem Modus „defensiv begründeten Lernens" (HOLZKAMP 1992, 9) halten müssen, der von curricularer und persönlicher Fremdbestimmung geprägt ist.

Der heimliche Lehrplan lehrt alle, dass – wie beim linearen Lernen mit Hecht – ihre Fragen und Interessen, aber auch ihre individuellen Fähigkeiten und Stärken nicht zum Tragen kommen, sondern es vielmehr darauf ankommt, die Lehrenden mit ihren Aufgabenstellungen zufriedenzustellen. Wie Holzkamp (ebd.) schreibt, zielt dieses außengesteuerte und sachentbundene Lernen lediglich auf die Abwehr von möglichen Bestrafungen; zuförderst geht es „um die Abrechenbarkeit des Lernerfolgs bei den jeweiligen Kontrollinstanzen" (ebd. 1995, 193). Was hierbei gelernt wird, kann fragmentarisches Sachwissen sein, vor allem aber wird gelernt, wie die je nächste Selektionshürde gemäß der ‚Standardisierungsagenda' ohne Crash zu nehmen ist. Marshall B. Rosenberg, der Nestor der Gewaltfreien Kommunikation und lebensbereichernden Pädagogik, fasst diese gewaltvolle, zur Defensivität zwingende Grundsituation drastisch zusammen: „In den regulären Schulen, in denen ich oft arbeite, sind Lehrer wie Milchflaschen und die Schüler wie leere Gläser, die in einer Reihe aufgestellt sind. Unterrichten ist: die Milch in die Gläser gießen. Wenn die Prüfung kommt, dann schütten die Gläser die Milch wieder in die Milchflasche, und am Ende haben wir 30 leere Gläser und eine Milchflasche voll mit ausgekotzter Milch" (2004, 122). Den Lernenden ist das Verweilen in der Flasche anzusehen, da ihre Körper mit der Ausschüttung von Cortisol (bei Frust) und Adrenalin (bei Stress) reagieren – bei den Lehrenden nicht minder –, und das hohe Burn-out-Risiko und andere zum vorzeitigen Berufsausstieg führende psychosomatische Phänomene bei Pädagoginnen und Pädagogen werfen ein neues Licht auf den Begriff „Leergut".

Bei selbstbestimmtem Lernen kommt es mit Chance dagegen zu einem Fließen von Serotonin (im Flow-Modus), Endorphin und Oxytocin (beim gemeinsamen Tun oder „Chillen" mit anderen). So wird schnell ersichtlich, welcher Bereich Potenziale der Kränkung hat und welcher zur Gesundheit beitragen kann. Gelingt bei großem Aktivitätsgrad im „Flow-Kanal" (BUROW 2011, 64) ein intensives Eintauchen in die Auseinandersetzung mit einer Sache, fühlen sich Tauchende erfrischt und tauchen sichtlich inspiriert und froh erschöpft wieder auf. Was sie danach zum Runterkommen, zur Erholung und vor allem zur Verarbeitung des gerade erschöpfend Geschöpften brauchen, ist geringe Aktivität: Räume zum „Chill". Solch entspanntes, entspannendes Abhängen, währenddessen nach Aussagen der Hirnforschung hinreichend belegt Erarbeitetes weiter verarbeitet werden kann – und beides ist für das Lernen im wahrsten Sinne des Wortes „Not wendig" –, wird bislang in Bildungseinrichtungen wenig wertgeschätzt. Positiv bewertet wird vielmehr relativ aktives Reagieren auf einzelne Signale.

Inklusive Pädagogik eröffnet Möglichkeitsräume „expansiv begründeten Lernens" (HOLZKAMP 1995, 191), in denen es um das Lernen um der „mit dem Eindringen in den Gegenstand erreichbaren Erweiterung der Verfügung/Lebensqualität willen" geht (ebd.). In solchen Möglichkeitsräumen, wenn alle Lernenden an selbst gewählten Themen mit einer selbst definierten Balance von Passiv- und Aktiv-Sein lernen, stellt sich die Notwendigkeit nicht mehr, dass Einzelne innerhalb eines kollektiven Rahmens besonders – geschweige denn gesondert – gefördert werden müssten (vgl. BOBAN & HINZ 2012). Was alle stattdessen bei ihren individuellen Vorhaben brauchen, ist Lernbegleitung durch aufmerksame und (be-)stärkende Erwachsene, und dies in individuell unterschiedlichem Ausmaß und zu verschiedenen Zeitpunkten ihrer Lernprozesse. Dazu gehört dann eine Fragehaltung, die eher das „Was tust du gern?" fokussiert als das „Was kannst du gut?" – und schon gar nicht das „Was kannst du alles noch nicht und wobei ist Förderung angesagt?" Für die Rolle als Lernbegleiterin oder Lernbegleiter im Feld inklusiver Pädagogik stellt sich dann nicht mehr das Dilemma der Motor-Brems-Dynamik, sie lässt sich eher als zeitweilig eingeladene Beifahrer, vielleicht als lernbezogene Stauberater und als pädagogische Tankwarte beschreiben (vgl. ebd.). Rosenberg fasst die Rolle lebensbereichernder Pädagoginnen und Pädagogen im Bild des Reiseveranstalters: Sie „bieten dir verschiedene Reiseziele an, sie können dir auch etwas empfehlen oder dich beraten, aber sie sagen dir nicht, wo du hinfahren sollst. Reiseveranstalter erwarten von ihren Kunden weder, dass sie alle zusammen fahren, noch, dass sie alle an den gleichen Ort fahren. Und: Reiseveranstalter vermitteln die Reise und kümmern sich um das Organisatorische, aber sie fahren nicht mit" (2004, 120f.).

Erst mit Möglichkeitsräumen für expansives Lernen entstehen Chancen dafür, dass Lernende sich als aktive, selbstwirksame Individuen innerhalb einer kreativen Gruppe erleben können. „Flow-Qualität" des Arbeitens – und vermutlich auch der „Chill-Modus" des Verarbeitens – bedarf der Inspiration des gemeinsamen Denkens und einer dialogischen Qualität von Beziehung. Alles was an Tun innerhalb des defensiv herausfordernden Kontexts sichtbar wird, bezeichnet Holzkamp als „Verhalten" – erst im Kontext expansiven Lernens wird eigenes Handeln ermöglicht, nur hier wird aus sich heraus begründete Handlung erkennbar.

Zwischenfazit

Dieser Text ist nicht dafür gedacht, dass die Herausforderungen inklusiver Pädagogik noch schwerer auf den Schultern von Lehrkräften lasten. Gleichwohl erscheint es wichtig, die Grundsätzlichkeit zu verdeutlichen, die mit inklusiven Vorstellungen verbunden ist. Die Gedanken des pluralistischen und expansiven Lernens, die sich auch sinnvoll mit Ansätzen des offenen Lernens verbinden lassen, zeigen eine Perspektive auf, in die sich Unterricht weiterentwickeln kann – und nach der Erinnerung an die allgemeinen Menschenrechte in der Behindertenrechtskonvention, die ja keine Spezialrechte für bestimmte Menschen beschreibt, sondern nur herausstellt, dass die allgemeinen auch für sie gelten, auch weiterentwickeln muss. Das macht vermutlich Druck – und das in einer Zeit, in der viele Anforderungen in andere Richtungen, etwa die der Output-Orientierung, der Vergleichsarbeiten und des Zentralabiturs, schieben. So werden die grundlegenden pädagogischen Widersprüche und Spannungsmomente weiter verschärft.

Deshalb ist es wichtig, sich gleichzeitig klar zu machen, dass Inklusion ein kontinuierlicher Prozess ist, der bestehende und vielleicht erst jetzt wahrgenommene Barrieren immer weiter abzubauen versucht. Hierbei kann der Index für Inklusion (vgl. BOBAN/HINZ 2003) produktiv für eine Schule sein, da er die grundsätzliche Orientierung inklusiver Pädagogik mit pragmatischen Entwicklungsschritten verbinden hilft, ohne dass sie sich selbst komplett überfordert. Vielmehr zielt er auf einen Dialog mit allen intern Beteiligten und den externen Kooperationspartnern, in dem die vielen vorhandenen und mitunter wenig wahrgenommenen Perspektiven fruchtbar zusammen gebracht und schulprogrammatisch gefasst werden. Mittlerweile gibt eine Vielzahl von Beispielen, wie dies sinnvoll geschehen kann (vgl. BOBAN/HINZ 2011, HINZ u. a. 2013).

In der Literatur findet sich bisher wenig an Ansätzen, wie inklusiver Unterricht auf bestimmte Lernfelder – seien es tradierte Fächer oder fachübergreifende Bereiche – bezogen werden kann. Auch hier macht der Index für Inklusion Vorschläge (vgl. BOBAN/HINZ 2014) – und konkrete Strategien und Möglichkeiten zu entwickeln und bekannt zu machen, ist ein wichtiger Schritt auf dem Weg zu einem inklusiveren Schulwesen.

Literatur

ALUR, MITHU (2005): Strengthening the Community from Within: A Whole Community Approach to Inclusive Education in Early Childhood. In: ALUR, MITHU/BACH, MICHAEL (Eds.) (2005): Inclusive Education. From Rhetoric to Reality. The North South Dialogue II. New Dehli: Viva Books, 129-146

BOBAN, INES/HINZ, ANDREAS (Hrsg.) (2003): Index für Inklusion. Lernen und Teilhabe in Schulen der Vielfalt entwickeln. Halle (Saale): Martin-Luther-Universität

BOBAN, INES/HINZ, ANDREAS (2011): „Index für Inklusion" – ein breites Feld von Möglichkeiten zur Umsetzung der UN-Konvention. In: FLIEGER, PETRA/SCHÖNWIESE, VOLKER (Hrsg.): Menschenrechte – Integration – Inklusion. Aktuelle Perspektiven aus der Forschung. Bad Heilbrunn: Klinkhardt, 169-175

BOBAN, INES/HINZ, ANDREAS (2012): Individuelle Förderung in der Grundschule? – Spannungsfelder und Perspektiven im Kontext inklusiver Pädagogik und demokratischer Bildung. In: SOLZBACHER, CLAUDIA/MÜLLER-USING, SUSANNE/DOLL, INGA (Hrsg.): Ressourcen stärken! Individuelle Förderung als Herausforderung für die Grundschule. Köln: Wolters Kluwer, 64-78

BOBAN, INES/HINZ, ANDREAS (2014): Index für Inklusion. Praxishandbuch für Spiel, Lernen und Partizipation im Bildungskontext (in Vorbereitung)

BOBAN, INES/HINZ, ANDREAS/PLATE, ELISABETH/TIEDEKEN, PETER (2014): Inklusion in Worte fassen – eine Sprache ohne Kategorisierungen? In: BERNHARDT, NORA/HAUSER, MANDY/ POPPE, FREDERIK/SCHUPPENER, SASKIA (Hrsg.): Inklusion und Chancengleichheit. Diversity im Spiegel von Bildung und Didaktik. Bad Heilbrunn: Klinkhardt 2014 (in Vorbereitung)

BOOTH, TONY (2008): Ein internationaler Blick auf inklusive Bildung: Werte für alle? In: HINZ, ANDREAS/KÖRNER, INGRID/NIEHOFF, ULRICH (Hrsg.): Von der Integration zur Inklusion. Grundlagen – Perspektiven – Praxis. Marburg: Lebenshilfe, 53-73

BOOTH, TONY/AINSCOW, MEL (Eds.) (²2002): Index for Inclusion. Developing Learning and Participation in Schools. Bristol: CSIE (auch online unter: http://www.eenet.org.uk/resources/docs/Index%20English.pdf)

BUROW, OLAF-AXEL (2011): Positive Pädagogik. Sieben Wege zu Lernfreude und Schulglück. Weinheim/Basel: Beltz

GOMOLLA, MECHTHILD/RADTKE, FRANK-OLAF (³2009): Institutionelle Diskriminierung. Die Herstellung ethnischer Differenz in der Schule. Wiesbaden: VS

HAEBERLIN, URS (2007): Aufbruch vom Schein zum Sein. VHN 76, 253-255

HECHT, YAACOV (2002): Pluralistic Learning as the Core of Democratic Education. The Institute for Democratic Education. Tel Aviv

HECHT, YAACOV (2010): Democratic Education. A Beginning of a Story. Tel Aviv: Innovation Culture

HINZ, ANDREAS (1993): Heterogenität in der Schule. Integration – Interkulturelle Erziehung – Koedukation. Hamburg: Curio (auch online unter: http://bidok.uibk.ac.at/library/hinz-heterogenitaet_schule.html)

HINZ, ANDREAS (1996): Inclusive Education in Germany: The Example of Hamburg. The European Electronic Journal on Inclusive Education in Europe, 1, 1996

HINZ, ANDREAS (2000): Niemand darf in seiner Entwicklung behindert werden – von der integrativen zur inklusiven Pädagogik? In: KUNZE, LUTZ/SASSMANNSHAUSEN, UWE (Hrsg.): Gemeinsam weiter ... 15 Jahre Integrative Schule Frankfurt. Frankfurt: Selbstverlag, 69-82

HINZ, ANDREAS (2002): Von der Integration zur Inklusion – terminologisches Spiel oder konzeptionelle Weiterentwicklung? Zeitschrift für Heilpädagogik 53, 354-361

HINZ, ANDREAS (2004): Vom sonderpädagogischen Verständnis der Integration zum integrationspädagogischen Verständnis der Inklusion!? In: SCHNELL, IRMTRAUD/SANDER, ALFRED (Hrsg.): Inklusive Pädagogik. Bad Heilbrunn: Klinkhardt, 41-74

HINZ, ANDREAS (2006): Integrativer Unterricht. In: WÜLLENWEBER, ERNST/THEUNISSEN, GEORG/MÜHL, HEINZ (Hrsg.): Handbuch Pädagogik bei geistiger Behinderung. Stuttgart: Kohlhammer, 341-349

HINZ, ANDREAS (2008): Inklusion – historische Entwicklungslinien und internationale Kontexte. In: HINZ, ANDREAS/KÖRNER, INGRID/NIEHOFF, ULRICH (Hrsg.): Von der Integration zur Inklusion. Grundlagen – Perspektiven – Praxis. Marburg: Lebenshilfe, 33-52

HINZ, ANDREAS (2013): Inklusion – von der Unkenntnis zur Unkenntlichkeit?! Kritische Anmerkungen zu zehn Jahren Diskurs zur schulischen Inklusion. Inklusion Online – Zeitschrift für Inklusion. H. 1, 2013. Online unter: http://www.inklusion-online.net/index.php/inklusion/article/view/201/182

HINZ, ANDREAS/BOBAN, INES/GILLE, NICOLA/KIRZEDER, ANDREA/LAUFER, KATRIN/TRESCHER, EDITH (2013): Entwicklung der Ganztagsschule auf der Basis des Index für Inklusion. Bericht zur Umsetzung des Investitionsprogramms „Zukunft Bildung und Betreuung" im Land Sachsen-Anhalt. Bad Heilbrunn: Klinkhardt

HINZ, ANDREAS/GEILING, UTE/SIMON, TONI (2014): Response-To-Intervention – (k)ein inklusiver Ansatz? In: BERNHARDT, NORA/HAUSER, MANDY/POPPE, FREDERIK/SCHUPPENER, SASKIA (Hrsg.): Inklusion und Chancengleichheit. Diversity im Spiegel von Bildung und Didaktik. Bad Heilbrunn: Klinkhardt (in Vorbereitung)

HOLZKAMP, KLAUS (1991): Lehren als Lernbehinderung? Forum Kritische Psychologie 27, 5- 22

HOLZKAMP, KLAUS (1992): Die Fiktion administrativer Planbarkeit schulischer Lernprozesse. Online unter: http://www2.ibw.uni-heidelberg.de/~gerstner/holzkampLernfiktion.pdf

HOLZKAMP, KLAUS (1995): Lernen. Subjektwissenschaftliche Grundlegung. Frankfurt/Main: Campus

LAZARUS, S./DANIELS, B./ENGELBRECHT, LEVI ([6]1999): The inclusive school. In: ENGELBRECHT, PETRA/GREEN, LENA/NAICKER, SIGAMONEY/ENGELBRECHT, LEVI (Eds.): Inclusive Education in action in South Africa. Pretoria: Van Schaik, 45-68

NAICKER, SIGAMONEY ([6]1999): Inclusive Education in South Africa. In: ENGELBRECHT, PETRA/GREEN, LENA/NAICKER, SIGAMONEY/ENGELBRECHT, LEVI (Eds.): Inclusive Education in action in South Africa. Pretoria: Van Schaik, 12-23

PRENGEL, ANNEDORE (1993): Pädagogik der Vielfalt. Verschiedenheit und Gleichberechtigung in interkultureller, feministischer und integrativer Pädagogik. Opladen: Leske+Budrich

REISER, HELMUT (1991): Wege und Irrwege zur Integration. In: SANDER, ALFRED/RAIDT, PETER (Hrsg.): Integration und Sonderpädagogik. St. Ingbert: Röhrig, 13-33

ROSENBERG, MARSHALL B. (2004): Erziehung, die das Leben bereichert. Gewaltfreie Kommunikation im Schulalltag. Paderborn: Junfermann

SKRTIĆ, THOMAS M. ([4]1995): The Special Education Knowledge Tradition: Crisis and Opportunity. In: MEYEN, EDWARD L./SKRTIĆ, THOMAS M. (Eds.): Special Education & Student Disability. An Introduction. Traditional, emerging and alternative perspectives. Denver, CO: Love Publishing, 609-672

2.1 Das multiprofessionelle Team

Im inklusiven Unterricht bringen drei Berufsgruppen ihre speziellen Kompetenzen zugunsten der Schüler ein: Fachlehrkräfte, Sonder- und Sozialpädagogen. Die Kooperation dieser Berufsgruppen umfasst Planung, Durchführung und Nachbereitung der Stunden. Unterrichtspraktische Vorhaben wie Vorlesewettbewerbe oder Theaterbesuche sind selbstverständlich eingeschlossen.

Die **multiprofessionelle Zusammenarbeit** ist unabdingbare Voraussetzung für einen erfolgreichen inklusiven Unterricht. Nur so können sowohl die fachlichen Standards des Deutschunterrichts als auch eine angemessene Unterstützung der Schüler mit besonderem Förderbedarf sichergestellt werden. Jeder Beteiligte bringt aus der eigenen Profession bestimmte Kenntnisse und Fertigkeiten mit. In einer gelungenen Teamarbeit kommt es zum Kompetenzfluss. Die Pädagogen erweitern ihr eigenes Kompetenzspektrum, indem sie Sichtweisen und „Handwerkszeug" der anderen kennenlernen und dem eigenen „Werkzeugkoffer" hinzufügen. Diese teaminterne Fortbildung haben wir in unserer eigenen Praxis stets als wertvolle Bereicherung erlebt.

Zwei-Pädagogen-System

Idealerweise sind alle Stunden mit zwei Pädagogen besetzt, wobei die Kombinationen unterschiedlich sein können. In der Regel bestehen die Tandems aus

- *Fachlehrkraft* und *Sonderpädagoge* oder aus
- *Fachlehrkraft* und *Sozialpädagogin* oder aus
- *Sonderpädagogin* und *Sozialpädagoge* (zu dieser Kombination kommt es, wenn die Sonderpädagogin selbst die Fachlehrerin ist) oder aus
- *Fachlehrkraft* und *Fachlehrkraft*.

Das Zwei-Pädagogen-System im Deutschunterricht ist mit einer festen Besetzung durchzuführen, um die Stabilität der Lerngruppe zu unterstützen und die Zusammenarbeit zwischen den Pädagogen zu erleichtern. Aus organisatorischen Gründen kann es passieren, dass die Doppelbesetzung des Deutschunterrichts zwischen Sonder- und Sozialpädagoge geteilt werden muss. Mit regelmäßigen und sorgfältigen Absprachen kann die Übergabe ohne Probleme gestaltet werden. Informationen über besondere Auffälligkeiten, anstehende Lernschritte bestimmter Schüler, noch zu bearbeitende Aufgaben oder besondere Vereinbarungen mit einzelnen Jugendlichen sind von Doppelbesetzung zu Doppelbesetzung zuverlässig weiterzugeben. Ein Mitteilungsbuch, das für das Team zugänglich an einer vereinbarten Stelle liegt, hilft, den vermehrten Kommunikationsaufwand in Grenzen zu halten. In den **Teamabsprachen** ...

- informiert die Fachlehrkraft über das anstehende Thema, die Lernziele, geeignete Methoden und Termine für Leistungstests (soweit bekannt).
- informiert die Sonderpädagogin über Förderbedarfe bestimmter Schüler und macht Vorschläge zur Umsetzung.
- ergänzt die Sozialpädagogin, macht eigene Vorschläge und zeigt besondere Bedarfe einzelner Schüler auf. Sie weiß um soziale Konflikte und informiert ggf. darüber, wer mit wem nicht zusammenarbeiten sollte oder aber einem bestimmten Wunschpartner zugeordnet werden darf.

Gemeinsam überlegen die Pädagogen, wer welchen Part in der Stunde übernimmt und sich um welchen Schüler kümmert. Regeln für die Lerngruppe oder einzelne Schüler werden genauso abgesprochen wie die Fördermaßnahmen und wer diese betreut. Wichtig ist auch die Frage, wer welches Material besorgt. In der Regel ist die Sonderpädagogin für das Fördermaterial zuständig. Sie sorgt für differenzierende oder ergänzende Übungen. Sie vereinfacht Aufgaben oder stellt selbst angemessene Texte her.

Im ungünstigsten Fall ist sie aber nur in einer von vier Fachstunden in der Lerngruppe eingesetzt. In gemeinsamer Verantwortung für den Deutschunterricht sind die Aufgaben dann unter allen Beteiligten so zu verteilen, dass keine Konflikte entstehen. Eine mögliche Lösung könnte so aussehen: Die Sonderpädagogin gibt sich überwiegend beratend in die Vorbereitung der von ihr nicht begleiteten Unterrichtsstunden ein. Die Fachlehrkraft und die Sozialpädagogin teilen sich die Beschaffung des förderlichen Materials. Letztere wird – soweit gewünscht – als „Nicht-Lehrkraft" mit konkreten Ideen und Hinweisen durch die Kollegen unterstützt, kann aber auch eigene Vorstellungen realisieren.

Eine der beiden Pädagoginnen ist schwerpunktmäßig zuständig für die Durchführung der Stunde, die andere für Förderung und Unterstützung. Ob hierbei Schüler mit besonderem Bedarf im Fokus stehen oder die zweite Pädagogin sich überhaupt um alle Schüler kümmert, die Hilfe anfordern, ist abhängig von der Klassensituation und den Absprachen.

Im Unterricht präsentiert sich das Pädagogentandem als **gleichberechtigte Verantwortliche**. Beide sind selbstverständliche Ansprechpartner für alle

Schüler, auch wenn besonders in höheren Jahrgängen fachlich-inhaltliche Fragen zunehmend von der Fachlehrkraft bearbeitet werden. Wenn der zweite Pädagoge eine inhaltliche Schülerfrage nicht beantworten kann, holt er sich Rat bei der Fachlehrkraft. Wenn man etwas nicht weiß, holt man sich Hilfe: Auch das können die Schüler am Vorbild lernen.

Es fördert das inklusive Klima, wenn die Sonderpädagogin oder der Sozialpädagoge auch Kleingruppen betreut oder Unterrichtsphasen übernimmt. Denkbar ist z.B. die Durchführung von Einstiegsritualen, die Verantwortlichkeit für Organisation und Durchführung von Ergebnispräsentationen oder auch der Rollenwechsel für ein ganzes Thema. Deshalb ist es sinnvoll, wenn Sonderpädagogen und Sozialpädagogen einige Kenntnisse in Methodik und Didaktik des Deutschunterrichts erwerben.

Der Rollentausch mit der Fachlehrkraft ...

- ermöglicht einen anderen Blick auf die Situation und Schüler,
- erleichtert das Verständnis für die Arbeitssituation der Teamkollegen,
- unterstützt die Positionierung der zweiten Pädagogin als kompetenter und verantwortlicher Fachkraft in der Lerngruppe.

2.2 Die inklusive Lerngruppe

Alle Schüler mit Behinderung haben ein Recht auf **freie Wahl der Schulform**. Niemand muss gegen seinen Willen eine Sonderschule besuchen. In der Praxis werden dabei als Alternative zur Sonderschule schwerpunktmäßig solche Schulformen gewählt, die neben dem Gymnasium die zweite Säule im Bildungssystem darstellen. Sie erleben nachweislich den größten Zuwachs an Schülern mit sonderpädagogischen Förderbedarfen. Dennoch müssen sich von der Grundschule bis zu den Sekundarschulen einschließlich der Gymnasien alle mit den Herausforderungen der Inklusion beschäftigen.

Traditionell werden im deutschen Bildungssystem leistungshomogene Gruppen gebildet, indem die Schüler einer Schule zugewiesen werden, die ihrer Lernausgangslage entspricht. Inklusion erfordert jedoch einen gemeinsamen Unterricht für alle Schüler – individuelle Beeinträchtigungen spielen dabei keine Rolle. Die Schule passt sich den Bedürfnissen der Schüler an. Der zentrale Blick bei der Unterrichtsplanung wandelt sich von: „Das Thema kann er/sie nicht lernen" zu: „Welche Anteile am Thema und wie kann er/sie lernen?"

Als Fachlehrer für alle Schüler verantwortlich zu sein und den Unterricht so zu gestalten, dass sowohl künftige Oberstufenschüler als auch solche mit geistigen Behinderungen am gemeinsamen Gegenstand sinnvoll miteinander arbeiten und lernen, stellt die Pädagogen vor eine neue Situation. Häufig werden Einwände und Bedenken geäußert wie

- „Dafür bin ich nicht ausgebildet!"
- „Da sinkt doch das Leistungsniveau für alle."
- „Die leistungsstarken Schüler kommen zu kurz!"
- „Die behinderten Schüler brauchen ganz etwas anderes."

Diese Argumente sind ernst zu nehmen, weisen sie doch auf wesentliche Aspekte eines erfolgreichen inklusiven Unterrichts hin. Sie machen auch deutlich, dass die Umsetzung von Inklusion sorgfältig durchdacht und unterstützt werden muss. **Fortbildungsangebote** und **Hospitationen** in inklusionserfahrenen Schulen erleichtern Pädagogen den Einstieg in die inklusive Pädagogik.

Themenbezogene Unterrichtsmaterialien, die mit offenen Aufgabenstellungen und differenzierenden Angeboten Schüler mit unterschiedlichsten Lernvoraussetzungen in einen gemeinsamen Lernprozess bringen, stellen wichtige Hilfen für die pädagogische Arbeit dar und sorgen für Entlastung bei der Unterrichtsvorbereitung. Insbesondere die Schüler mit speziellen Förderbedarfen im *Lernen* und in der *geistigen Entwicklung* bringen, bezogen auf die Leistungsanforderungen der Regelschule, viel „Nichtkönnen" mit.

Inklusion kann nur gelingen, wenn dieser defizitorientierte Blick durch ein **kompetenzorientiertes Schülerbild** ersetzt wird: „Welche Kompetenzen hat der Schüler, wie sind sie zu stärken und auf welche Art kann er sie zugunsten der Gruppe einbringen?" Auch kleinste Fortschritte müssen wahrgenommen und wertgeschätzt werden. Das gilt für Pädagogen und für die Schüler untereinander gleichermaßen. Unseres Erachtens ist das eine zentrale Voraussetzung für das Gelingen von Inklusion.

Jeder einzelne ist mit seinen persönlichen Stärken und Schwächen wahrzunehmen und angemessen zu fördern. Lernprozess und Förderung müssen individualisiert und der Unterricht binnendifferenziert werden. Innerhalb einer Klasse oder eines Kurses werden zum gleichen Thema Lernangebote sowohl für leistungsstarke als auch für leistungsschwache Schüler gemacht. Dieses Vorgehen ist auch als klassen- oder kursinterne Differenzierung (kurz KID) bekannt.

Die Klasse selbst ist in vollständiger Anzahl die Lerngruppe. Alle arbeiten zur gleichen Zeit mit individuellen Zielsetzungen gemeinsam am selben Thema. Jeder strengt sich seinen Fähigkeiten entsprechend an und bekommt dabei so viel Hilfe und Unterstützung wie nötig. Es ist normal, verschieden zu sein.

Die Sorge, dass im Fach Deutsch besondere Anforderungen wie Literaturarbeit oder Sprachbetrachtung in inklusiven Lerngruppen nicht mehr angemessen berücksichtigt werden und das Leistungsniveau sinkt, möchten wir entkräften. Aus unserer Arbeit in der Sekundarstufe I wissen wir, dass das Fach Deutsch in allen Jahrgangsstufen hervorragend für den binnendifferenzierenden Unterricht geeignet ist.

Die inklusive Lerngruppe mit ihrer Spannbreite an unterschiedlichen Schülerkompetenzen stellt in mehrfacher Hinsicht eine große pädagogische Chance dar.

Eine Kultur der Vielfalt ermöglicht vielfältiges Lernen.

Jeder bringt seine persönlichen Kompetenzen ein und jeder lernt von jedem. Schüler mit sonderpädagogischen Förderbedarfen bearbeiten i.d.R. ihre schriftlichen Aufgaben gern und ausdauernd. Mit ihrer Arbeitshaltung sind sie oftmals geradezu vorbildlich für andere. Nutzen Sie die besonderen Stärken dieser Schüler, um sie kompetenzorientiert in den Unterricht einzubinden. Wer über gute Merkfähigkeiten verfügt, prägt sich die Grammatikregel oder einen Beispielsatz ein, der von anderen bei Bedarf abgefragt wird.

Lernen durch **Imitation** findet oft nebenbei statt. Jemand, den man nett findet, kann etwas, was man selbst nicht kann, aber gern können möchte. Das spornt an, sich diese Fähigkeiten auch zu erarbeiten. Wir haben mehrfach erlebt, dass sehr schwache Schüler mit Förderschwerpunkt *Geistige Entwicklung* daraus einen großen Antrieb entwickelten: Sie wollten lesen und schreiben, mit dem Wörterbuch umgehen und das Verfassen eigener Geschichten lernen. Sie mussten sehr um die Kompetenzen kämpfen und waren auf einfachem Niveau dank ihrer großen Motivation letztlich immer erfolgreich.

Beauftragen Sie leistungsstarke Schüler, einen Text, z. B. ein Buchkapitel oder eine Kurzgeschichte, für Mitschüler vorzubereiten. Dabei müssen Aspekte wie mangelndes Leseverständnis, Bedarf an Anschaulichkeit oder eine maximale Textlänge beachtet werden. Im Verlauf dieser Arbeit lernen die Schüler, den Text neu zu bewerten: Was ist wichtig, welche Fakten sind unerlässlich für die Handlung, welche können verkürzt oder ausgelassen werden, welche Mittel zur handlungsorientierten Veranschaulichung gibt es?

Die Geschichte mit den Augen eines anderen zu betrachten ist eine äußerst anspruchsvolle Aufgabe. Die Erarbeitung der von den eigenen Mitschülern produzierten Texte stellt für Schüler mit sonderpädagogischem Förderbedarf eine besondere und sehr motivierende Herausforderung dar.

Soziales Lernen führt zu einem sozialen Menschenbild.

Bei Fragen und Problemen werden Mitschüler angesprochen und um Hilfe gebeten. Besonders den Schülern, die immer wieder an ihrem Bedürfnis scheitern, die gleichen Aufgaben auf die gleiche Weise bearbeiten zu können wie die Klassenkameraden, fällt es schwer, auf andere zuzugehen und Schwächen einzugestehen. Innerhalb der eigenen Klasse als vertrauter Bezugsgruppe fällt es leichter. Die leistungsstarken Schüler übernehmen ihrerseits Verantwortung. Sie begleiten Mitschüler mit Orientierungsproblemen zu neuen Kursräumen, schützen sie bei Angriffen im Schulhaus, unterstützen bei Konflikten und helfen beim Lernen. Mit gegenseitigem Verständnis für die Besonderheiten des einzelnen entsteht ein vertrauensvoller und wertschätzender Umgang miteinander. „Behinderte" werden nicht mehr anhand ihrer „Mängel" wahrgenommen, sondern als Menschen, die Pflichten und Rechte haben und manches gut können, manches nicht so gut, und die in einigen Bereichen Hilfe und Unterstützung benötigen. Ein **tolerantes** und **wertschätzendes Menschenbild** entsteht.

Hilfe geben und Hilfe annehmen, Vertrauen schenken und mit Vertrauen achtsam umgehen – das sind hohe soziale Kompetenzen, die im inklusiven Rahmen besonders gut zu entwickeln sind. Die langfristige und stabile Beziehung zwischen Tutor bzw. Fachlehrer und Klasse trägt entscheidend zu einem positiven Inklusionsklima bei. Auch das ist ein Grund, die Lerngruppen nicht in Kurse zu trennen, sondern klassenintern zu differenzieren.

Herausforderung und Bereicherung für Pädagogen

Jeden Schüler so annehmen, wie er ist, ihn fordern und fördern und auf dem Weg zu einem gesunden Selbstbild unterstützen: Das ist keine leichte Aufgabe, wenn sowohl alle Schattierungen von Leistungsfähigkeit als auch sämtliche Förderschwerpunkte gleichzeitig in der Lerngruppe vertreten sind. Das fachbezogene übergeordnete Ziel, alle auf einen Stand zu bringen, verändert sich in der Inklusion zwangsläufig. Nur eine begrenzte Anzahl an Schülern kann den angestrebten „Stand" in vollem Umfang oder doch weitestgehend erreichen. Einige können sogar darüber hinaus etwas leisten, andere dafür nur Teilziele erarbeiten. Für manche Schüler sind vielleicht sogar nur sehr begrenzte Feinziele realistisch. Das alles ist bei den Unterrichtsplanungen zu berücksichtigen.

Zum jeweiligen Thema müssen Lernziele auf unterschiedlichen Anforderungsniveaus definiert und daraus **vielfältige differenzierte Aufgabenstellungen** entwickelt werden. Ideenreichtum für die Aufgabenentwicklung und Vertrauen in die Lernfähigkeit auch und gerade der Schüler mit sonderpädagogischem Förderbedarf sind erforderlich. Es ist für viele Pädagogen anfangs ungewohnt, die schlichten Lernziele der untersten Niveaustufe als eine angemessene Kompetenz des Faches Deutsch zu akzeptieren. Sie möchten, dass der Schüler mitarbeitet an den für alle vorgesehenen Übungen, denn: „Sonst versäumt er was." Die praktische Erkenntnis, dass er dies nicht kann, führt zu Unzufriedenheit. Das Dilemma ist nur mit einem erweiterten Blick für fachliche Kompetenzen zu vermeiden. Mit einiger Übung wird es schnell zur Normalität, die Lernziele und Lerninhalte auf einfachste Anforderungen einzustellen.

„Schreibe deinen Lieblingssatz aus diesem Kapitel ab" kann für Schüler mit sonderpädagogischen Förderbedarfen eine ebenso hohe Herausforderung darstellen wie für andere der Auftrag, eine Inhaltsangabe des Kapitels zu schreiben. Beide Aufgabenstellungen führen zu einer Auseinandersetzung mit dem Inhalt und einer Bewertung der Fakten: Was ist mir wichtig bzw. was ist für das Verständnis des Handlungsablaufs wichtig?

Nach Abschluss einer Unterrichtseinheit sollen alle Schüler persönliche Lernfortschritte gemacht haben. Für die einen kann das bedeuten, alle adverbialen Bestimmungen zu kennen und korrekt zu benennen. Für andere kann das heißen, einige adverbiale Bestimmungen der Zeit mit Hilfe einer Signalwortliste in einer Übung zu finden. Die differenzierenden Materialien wie Wortlisten und passende Übungssätze müssen oft selbst hergestellt werden. Die unterrichtlichen Planungen werden durch die Belange der Heterogenität erweitert. Der zusätzliche Aufwand ist nicht zu leugnen, mit wachsender Erfahrung, Teamarbeit und Austausch im Jahrgang aber gut zu bewältigen. Die **innere Freude** über die gelungene pädagogische Arbeit fördert Mut für neue didaktische und methodische Ideen.

Es ist bereichernd,

- alle Schüler zum gemeinsamen erfolgreichen Lernen anzuregen,
- auch kleinste Lernfortschritte der Schüler mit Förderbedarfen wahrzunehmen,

- ihren Stolz auf die eigene Leistung zu erleben,
- die Wertschätzung der anderen Schüler für diese Leistung zu beobachten und
- den eigenen pädagogischen Anteil daran zu erkennen.

Individuelle Förderung und flexibles Leistungsprofil

Der Verzicht auf die äußere Fachleistungsdifferenzierung belässt die Schüler aller Leistungsniveaus in einer Lerngruppe. Kurse auf verschiedenem Niveau werden nicht mehr getrennt, sondern mit kursinterner Differenzierung gemeinsam unterrichtet. Alle arbeiten am gleichen Thema, aber mit unterschiedlichen Lernzielen.

Für das Fach Deutsch eröffnet sich eine Vielzahl an förderlichen Unterrichtsformen. Die leistungsstarken Schüler sind sprachliches Vorbild für andere und wichtige **Impulsgeber**, die die Arbeit an einem Thema voranbringen. Schüler unterschiedlicher Lernniveaus arbeiten gemeinsam als **Tandem** oder in einer Gruppe: der eine als Unterrichtsassistenz für einen anderen, sprachstarke Schüler als (Schreib-)Stilberater für ihre Mitschüler, um nur einige Beispiele zu nennen. Jeder bringt seine Kompetenzen ein, lässt andere daran teilhaben und lernt umgekehrt auch selbst von den anderen.

Die individuelle Förderung im Sinne einer Herausforderung der Schüler des oberen Anforderungsniveaus fällt Fachlehrern meist leichter als das unterrichtliche Fördern der sehr leistungsschwachen Schüler. Für die erste Gruppe ergeben sich aus den Themen besonders fachlich-inhaltlich diverse Aspekte und Aufgabenstellungen für Lernangebote.

Hingegen stellt die Förderung von Schülern mit besonderem Unterstützungsbedarf am Anfang eine ungewohnte Schwierigkeit für die Pädagogen dar. **Kompetenzorientierte Förderung** im Deutschunterricht ist zu verstehen als Förderung sprachlicher Kompetenzen in Wort und Schrift, im Verstehen, Verarbeiten und Wiedergeben. Es geht in diesem Zusammenhang nicht um die Realisierung spezieller sonderpädagogischer Förderziele, wenngleich diese durchaus identisch sein können.

Alle Schüler präsentieren eine selbstgewählte Lektüre. Die Spanne reicht vom altersangemessenen Jugendbuch über Bücher für jüngere Altersgruppen bis zum schlichten Heft für Leseanfänger. Methodisch wird der „Rote Faden" gewählt. Daran entlang liegen Gegenstände, die besondere Ereignisse im Buch präsentieren und so das Erzählen der Geschichte erleichtern. Vorbereitete Stichwortkarten geben Sicherheit. Hier werden sprachliche Kompetenzen gefördert wie angemessene Wortwahl und verständliche Darstellung. Sonderpädagogische Lernziele im Sinne eines individuellen Förderplans könnten sein: „Ich achte auf vollständige Sätze" oder: „Ich nenne die Dinge bei ihrem Namen (statt ‚das da')".

Alle Schüler bei jedem Thema einzubinden, eben auch solche mit Lernschwächen, sie in heterogenen Gruppierungen miteinander zum Arbeiten zu bringen und alle Leistungen wertschätzend anzunehmen – auch das ist Förderung. Auf kognitiven und sozialen Ebenen werden Impulse aufgenommen; sie lösen Prozesse aus, die zum Lernen führen. Nicht alles ist gezielt planbar und nicht immer ist zu erkennen, welche Impulse was genau bewirkt haben. Der Erfolg zeigt sich manchmal erst nach langer Zeit. Dazu ein Beispiel aus unserer eigenen Praxis.

Shirley kam mit dem Förderschwerpunkt *Geistige Entwicklung* ohne Lese- und Schreibkompetenz in Jahrgang 5 zu uns. Nach zwei Jahren Förderung im inklusiven Unterricht konnte sie An- und Endlaute korrekt bestimmen und ausdauernd Texte „abschreiben". Sie weigerte sich hartnäckig, auch nur ein einziges Wort eigenständig zu einem Brief zu ergänzen. Nach einem Tafelspiel (stumme schriftliche Arbeitsaufträge) ließ sie sich eingehend erklären, warum die Schüler bestimmte Handlungen ausführten.

Abends rief die Mutter bei uns an. Shirley hatte einen Brief geschrieben! In lautgetreuer Schreibweise teilte sie mit, dass sie nicht mehr so früh geweckt werden wollte. Shirley hatte den Bedeutungsgehalt von Schrift entdeckt und setzte ihre unbemerkt erworbenen Schreibkenntnisse ein, um ihren Morgenschlaf zu verteidigen.

Schüler mit besonderem Unterstützungsbedarf im Deutschunterricht zu fördern bedeutet

- unter Berücksichtigung der Lernausgangslage des Schülers **kleinschrittige Lernziele** zum Thema zu formulieren,
- ein **Helfersystem** zu installieren,
- **Hilfsmittel** bereitzustellen wie z.B. (Bild-)Wörterbuch, Laptop (bei problematischem Schriftbild),
- **Rituale** einzuführen, die jedem eine Beteiligung ermöglichen (z.B. Kalenderspruch des Tages vorlesen),
- **offene Arbeitsaufträge** zu stellen, die alle Schüler einbeziehen,

- **differenzierte Arbeitsmaterialien** zum Thema bereitzuhalten,
- möglichst **handlungsorientierte Aufgaben** zu formulieren,
- offen zu sein für ergänzende Materialien oder Aufträge, die die **Motivation** des Schülers besonders fördern (z. B. einen Text über den schuleigenen Zoo schreiben).

Die Leistungsprofile sind bei kursinterner Differenzierung:

- **flexibel:** Der Wechsel zwischen Kurs I und Kurs II, sonst nur zum Halbjahr möglich, kann nun fließend stattfinden. Auf individuelle Veränderungen der Lernentwicklung eines Schülers kann schnell reagiert werden. Das Anforderungsniveau wird angepasst und Aufgabenstellungen sowie Arbeitsmaterial des jeweils anderen Kurses genutzt. Der Schüler bleibt in der vertrauten Lerngruppe und wird weiterhin von der gleichen Lehrkraft unterrichtet. In dieser sozialen Stabilität fällt es leicht, den Lernprozess im Fokus zu behalten, ohne Störungen, wie sie der Verlust von Freunden mit sich bringen kann.
- **individuell:** Die kursinterne Differenzierung in Deutsch ermöglicht jedem Schüler die Entwicklung eines individuellen Leistungsprofils. In allen Bereichen können die Anforderungen unter Berücksichtigung der eigenen Stärken und Schwächen gewählt werden. Schüler mit sonderpädagogischen Förderbedarfen können zu manchen Themen durchaus Übungen auf dem Niveau von Kurs II bewältigen.

Jeder Schüler aus Kurs II kann jederzeit auch die Übungen der anderen Niveaustufe bearbeiten, wenn er mit seinen eigenen Aufgaben fertig ist. Wer sich mit Grammatik und Rechtschreibung abmüht, kann in der Literaturarbeit dennoch erweiterte Anforderungen erfüllen. Umgekehrt genauso: Wer in Kurs I eingestuft ist, kann möglicherweise eine Schwäche im Bereich Grammatik haben und die entsprechenden Anforderungen nur auf einfachem Niveau erfüllen.

Das regelmäßige Angebot erweiterter Aufgabenstellungen weckt zudem den Wunsch, sich auch daran zu versuchen. Wenn Schüler aus eigenem Antrieb eine Aufgabe mit erhöhten Anforderungen wählen, fällt es ihnen erfahrungsgemäß leichter, die noch nicht bewältigten Anteile der Übung nicht als Scheitern zu verstehen. Sie können daraus neue Ziele für sich ableiten und mit Stolz auf die bereits erbrachten Leistungen sehen.

2.3 Vier ganz besondere Kinder

Eine inklusive Klasse setzt sich aus Schülern mit ganz unterschiedlichen Fähigkeiten und Kompetenzen zusammen. In diesem Kapitel stellen wir vier solcher speziellen Schüler einer Klasse vor, um die folgenden Differenzierungsmöglichkeiten besser einordnen zu können.

Emma: Förderschwerpunkt *Lernen*

Emma (12 Jahre) besucht die siebte Klasse einer Stadtteilschule in Hamburg. Bei ihr besteht ein sonderpädagogischer Förderbedarf im Förderschwerpunkt *Lernen*. Sie erhält keine Noten, sondern ein reines Berichtszeugnis. Hierin wird der Lern-Ist-Stand mit Hinweisen auf bestehende und zukünftige Fördermaßnahmen beschrieben.

Bei Emma wurde bei der Geburt eine Kleinwüchsigkeit diagnostiziert. Die Eltern haben sich bewusst gegen eine Hormontherapie entschieden. Emma ist nur ein wenig kleiner als ihre Mitschüler. In der grob- und feinmotorischen Entwicklung und in der Orientierung in Raum und Zeit liegen keine Auffälligkeiten vor. Emma hat also eine Vorstellung von Jahreszeiten, Monaten, Wochentagen und Zeitangaben. Auch schafft sie es, sich in diese zeitliche Struktur einzuordnen. Allerdings zeigt Emma in der Eigenorganisation und bei der Erstellung eines Handlungsplans Unsicherheiten. Sie benötigt Unterstützung darin, ihr Material für die kommende Unterrichtsstunde bereitzustellen. Bei der Strukturierung der Arbeitsabläufe für eine Aufgabenstellung benötigt Emma intensive Hilfestellungen.

Komplexe Zusammenhänge erfasst Emma aufgrund ihrer Merkfähigkeits- und Konzentrationsschwäche nur mit Unterstützung. Für ihr Alter hat Emma einen gut entwickelten Wortschatz.

Emma sucht aus eigenem Interesse heraus überwiegend Kontakt zu Erwachsenen. Um Kontakt zu Gleichaltrigen aufzunehmen, benötigt Emma Unterstützung und Anleitung. Im sozialen Gefüge der Klasse ist sie ein sehr hilfsbereites und empathisches Mädchen. Sie wirkt sehr zurückhaltend und still. Teilweise hat sie Schwierigkeiten, die Grenzen ihrer Mitschüler außerhalb des strukturierten Klassengefüges zu erkennen und zu akzeptieren. So entstehen z.B. Streitigkeiten im gemeinsamen Zimmer auf einer Klassenreise. Mitschülerinnen fühlen sich bevormundet und Emma spielt diese gegeneinander aus.

In ihrem Arbeits- und Lernverhalten ist prägnant, dass Emma mit Hilfe von angeleiteten Strukturhilfen weitgehend selbstständig an den ihr gestellten Aufgaben arbeiten kann. Hierbei kann es sich um die Vorgabe einer zeitlichen Abfolge von Teilarbeitsschritten handeln und/oder um inhaltliche Hilfestellungen zu den einzelnen Teilarbeitsschritten. Die Sorgfalt der Bearbeitung und das Durchhaltevermögen korrelieren sehr stark mit ihrem Interesse an den Aufgaben.

Bezogen auf das Fach Deutsch können Emmas Fähigkeiten wie folgt beschrieben werden: Unterrichtsgespräche verfolgt sie meistens aktiv, beteiligt sich allerdings selten aus eigener Initiative heraus. Sprachlich einfache Texte kann sie sinnentnehmend lesen. Im weiteren Umgang mit diesen Texten befindet sie sich auf der reproduktiven Ebene. Eigene und freie Texte schreibt sie sehr gerne. Hierbei verwendet sie eine rudimentäre Interpunktion: Vereinzelt setzt sie am Ende eines Satzes einen Punkt. Die Wortarten (Nomen, Verben, Adjektive) werden von ihr richtig definiert. Allerdings zeigt sie in der Anwendung Unsicherheiten, wodurch Schwierigkeiten in der Groß- und Kleinschreibung entstehen.

Verstärkt werden diese Schwierigkeiten dadurch, dass sie Unsicherheiten in der graphomotorischen Schreibung der Buchstaben zeigt – Groß- und Kleinbuchstaben lassen sich nicht immer eindeutig differenzieren. Vereinzelt kennt sie orthografische Regeln und wendet diese auch unregelmäßig an. Im Schreiben zeigt sie einen umgangssprachlichen Ausdruck. Eine Herausforderung stellt das schriftliche Beantworten von Fragen in ganzen Sätzen dar.

Kemal: Förderbedarf *Geistige Entwicklung*

Kemal (13 Jahre) ist ein Mitschüler von Emma. Bei ihm liegt ein sonderpädagogischer Förderbedarf im Schwerpunkt *Geistige Entwicklung* vor. Er erhält ein ausführliches Berichtszeugnis.

Kemal hat große Schwierigkeiten bei der Orientierung in Raum und Zeit. Dies bedeutet, dass er keine realistische Vorstellung von Uhrzeiten, Wochentagen, Monaten und Jahreszeiten hat. Seinen Tagesablauf bewältigt er mit strukturierenden Hilfestellungen. Dies sind z. B. ein Klassenstundenplan und ein Pausenstundenplan mit Piktogrammen. Treten Änderungen und Störungen im strukturierten Ablauf auf, benötigt Kemal intensive Unterstützung und Betreuung, um diese einordnen und bewältigen zu können. Auch bei der Erstellung eines Handlungsplans und bei feinmotorischen Aktivitäten benötigt Kemal intensive Unterstützung. Ein Arbeitsbogen und eine Aufgabenstellung müssen für Kemal kleinschrittig aufbereitet sein. Übersichtliche Arbeitsbögen und klare Handlungsanweisungen verhelfen Kemal zu einer relativ selbstständigen Arbeitsweise. Bei Kemal ist eine starke Bewegungsfreude zu beobachten, die möglichst in den Schulalltag eingebaut werden sollte.

Kemal weist einen sehr stark eingeschränkten Erfahrungshorizont auf. Es gibt bei ihm wenige Anknüpfungsmöglichkeiten. Um einen bildlichen Vergleich anzustellen: Kemal ist wie eine Blase in der Lavalampe – er lebt in seiner eigenen Welt und bewegt sich in der realen Welt. Er ist sehr kommunikationsfreudig und phantasievoll – der Wahrheitsgehalt muss teilweise überprüft werden.

Er nimmt gerne Kontakt zu Gleichaltrigen und Erwachsenen auf. Bei der Kontaktaufnahme zu Gleichaltrigen muss Kemal unterstützt werden, da aufgrund seiner Entwicklung andere Interessenlagen vorliegen. Zurzeit wird die Diskrepanz zwischen körperlicher und geistiger Entwicklung in der Pubertät deutlich.

Kemal hat große Schwierigkeiten, frontalen und verbalen Unterrichtsphasen zu folgen. Er kann sich ungefähr für fünf Minuten konzentrieren, dann schweift er mit seinen Gedanken ab und beschäftigt sich mit anderen Dingen. Auch in Phasen der Einzel-, Partner- und Gruppenarbeiten benötigt Kemal daher intensive Unterstützung und Begleitung, um die Aufgabenstellung zu bewältigen und zu beenden. Teilweise arbeitet er an differenziertem Material, teilweise jedoch auch an zusätzlichem Material zum gleichen Thema.

In Situationen der Eins-zu-eins-Betreuung sind, auch in einer Kleingruppe, effektive Unterrichtsgespräche möglich. Texte von maximal 80 Wörtern kann er grob sinnentnehmend lesen. Hierfür dürfen in dem Text nur Begriffe aus dem Grundwortschatz verwendet werden, die am besten der alphabetischen Schreibung entsprechen. Formal sollte der Text mit einem anderthalbfachen Zeilenabstand und in einer Schriftgröße nicht unter 14 Punkt geschrieben sein. Beim Schreiben befindet sich Kemal auf der Stufe der alphabetischen Schreibung. Selbstständig kann er vereinzelte Wörter schreiben. Mit Unterstützung schreibt er auch kurze Sätze. In extra Förderstunden wird Kemal im Lese- und Schreiblernprozess gefördert.

Lisa: Förderschwerpunkt *Sprache*

Lisa (13 Jahre) ist die Mitschülerin von Emma und Kemal. Bei ihr wurde ein sonderpädagogischer Förderbedarf im Förderschwerpunkt *Sprache* diagnostiziert. Sie wird zielgleich unterrichtet und erhält den Nachteilsausgleich. Dies bedeutet, dass sie für Arbeiten mehr Zeit zur Verfügung hat und sprachliche

Fehler, die auf ihr Störungsbild zurückzuführen sind, aus der Wertung genommen werden.

Lisa ist adipös und hat Spreizsenkfüße. Aufgrund ihrer Leibesfülle weist sie eine große Bewegungsunlust auf. Aktuell lehnt sie eine Physiotherapie oder eine Behandlung im Rahmen von Krankengymnastik ab. Lisa benötigt Unterstützung bei der Strukturierung von Handlungsplänen. Zügig mit einer Aufgabe zu beginnen, bedeutet für sie eine sehr große Herausforderung. Aus diesem Grund wird sie bei dem Beginn einer Arbeitsphase individueller betreut. Mehrmalige verbale Aufforderungen, Vorgaben von zeitlichen Fenstern und die kleinschrittige Aufteilung der Arbeitsschritte ermöglichen ihr das relativ selbstständige Arbeiten.

Bei Lisa liegt ein *Sigmatismus interdentalis* (Lispeln) vor. Trotz einer ausgeprägten Form lehnt sie eine logopädische Behandlung ab. Da ihr Wortschatz nicht altersgemäß entwickelt ist, greift sie häufig auf Umschreibungen zurück. Der ausgeprägte Dysgrammatismus (Schwierigkeiten bei der Artikelverwendung, der Verbbeugung, der Satzstruktur, insbesondere der Verbzweitstellung) hat Auswirkungen auf die Fähigkeiten im Sprechen und Schreiben. Trotz der umfangreichen Schwierigkeiten im sprachlichen Bereich lehnt Lisa eine logopädische Behandlung ab. Lisa hat eine intensive und gute Bindung an erwachsene Bezugspersonen. Zu Gleichaltrigen hat sie ein altersgemäßes Verhältnis und einen guten Kontakt. Sie ist sehr gut integriert und wird nicht benachteiligt.

Wenn sie bezüglich der Handlungsplanung Unterstützung erhalten und mit den Aufgaben begonnen hat, arbeitet Lisa weitestgehend selbstständig und sorgfältig. Ihr Arbeitstempo kann als durchschnittlich beschrieben werden. Auf Präsentationen und Vorträge bereitet Lisa sich sehr intensiv vor und übt auch. Hierin liegen ihre Stärken. Verbale Unterrichtsphasen verfolgt sie und beteiligt sich mit guten Beiträgen nach Aufforderungen.

Lisa liest Jugendbücher und sprachlich vereinfachte Sachtexte selbstständig und sinnentnehmend. Sie hat Strategien entwickelt, um unbekannte Begriffe zu klären. Auch liest sie gerne vor. Lisa schreibt sehr gerne eigene Texte und Geschichten. Hierbei ist sie sehr phantasievoll. Der Dysgrammatismus kommt an dieser Stelle deutlich zum Tragen.

Christian: Förderschwerpunkt *Emotionale* und *soziale* Entwicklung

Bei Christian (13 Jahre) wurde ein Förderbedarf im Schwerpunkt *Emotionale und soziale Entwicklung* diagnostiziert. Das Aufmerksamkeits-Defizit-Hyperaktivitäts-Syndrom ist bei Christian sehr stark ausgeprägt. Bei ihm greift im Rahmen der zielgleichen Bewertung der Nachteilsausgleich. Dies bedeutet im Unterrichtsalltag: Aufgrund des ADHS hat Christian ein sehr starkes Bedürfnis nach Bewegung. Es werden ihm regelmäßige Bewegungsphasen gewährt. Wenn er Bewegung braucht, signalisiert er dies der Lehrkraft und macht sich auf den Weg zum Schulhof, wo für ihn bestimmte Laufstrecken festgelegt wurden. Hinzu kommt, dass Christian reizoffen ist. Er kann wesentliche von unwesentlichen Reizen nicht unterscheiden, weshalb er eine reizarme Umgebung für die Arbeit braucht, ebenso einen freien Blick nach vorne; die Unruheherde der Klasse dürfen nicht in seinem Blickfeld sein.

In der Strukturierung seines Tagesablaufs benötigt er noch Hilfe, da er die Uhr nicht lesen kann. Ihm fehlt die Motivation, dies zu erlernen.

Christian kann sich verbal sehr gut ausdrücken aufgrund seines großen Wortschatzes und seines reichen Allgemeinwissens. Seine schnelle Auffassungsgabe wird manchmal durch seine geringe Konzentrationsfähigkeit gehemmt. Komplexe Zusammenhänge kann er erfassen und Transferaufgaben lösen. Unterstützung benötigt er im Bereich der Ausdauer und des Arbeitstempos.

Partner- und Gruppenarbeiten stellen für Christian sozial eine große Herausforderung dar. Er ist sehr stark auf seine eigenen Bedürfnisse konzentriert und hat Schwierigkeiten, diese hinter die der anderen zu stellen. Leicht gerät Christian auch in Konfliktsituationen. Zur Auflösung benötigt er Unterstützung. Grenzen seiner Mitschüler zu sehen und zu akzeptieren fällt ihm schwer.

Wegen seiner Konzentrationsschwierigkeiten benötigt Christian Hilfestellungen, um sich an verbalen Unterrichtsphasen aktiv zu beteiligen. Er bereichert den Unterricht durch seine qualitativ hochwertigen Beiträge. Christian kann sinnentnehmend lesen. Allerdings muss aufgrund der Konzentrationsschwierigkeiten in der Planung ein kleinschrittiges Vorgehen berücksichtigt werden. Auffällig ist, dass Christian eine sehr verkrampfte Stifthaltung hat und hierdurch kein Schreibfluss entsteht. Sein Schriftbild ist nicht altersgemäß entwickelt. Er hat umfangreiche Strategien entwickelt, um das Schreiben zu vermeiden. Er erbringt selbstständig kaum schriftliche Leistungen. In der Orthografie zeigt er sich nicht sicher.

2.4 Die didaktischen Prinzipien

Im inklusiven Deutschunterricht kann auf die regulären Prinzipien aus der Deutschdidaktik zurückgegriffen werden. Sie müssen unter dem Gesichtspunkt der Inklusion neu beleuchtet werden.

Überfachliche Kompetenzen

Besondere Bedeutung für die Inklusion haben die überfachlichen Kompetenzen. Hierdurch werden Rahmenbedingungen geschaffen, durch die ein Unterricht in heterogenen Lerngruppen möglich ist.

Die überfachliche Kompetenz **„Selbstkonzept und Motivation"** beinhaltet den Aspekt der Handlungsplanung. Schüler mit sonderpädagogischem Förderbedarf benötigen Unterstützung bei der Organisation des Arbeitsplatzes, der Materialien und ihrer selbst. Durch strukturierende Hilfestellungen können sich die Schüler organisieren. Kemal hat einen Stundenplan für seinen Tagesablauf. Hierauf sind die Unterrichtsstunden mit Piktogrammen dargestellt und die Pausen mit Handlungsanweisungen versehen. Die Sozialpädagogin hat gemeinsam mit Kemal überlegt, was er in den Pausen gerne machen würde und mit wem. Dies ist detailliert vermerkt. So kann Kemal zu jeder beginnenden Pause schauen, was er geplant hat.

Für Einzelarbeitsphasen hat Kemal Karten, auf denen die Arbeitsschritte zur Orientierung bildlich dargestellt sind. Wenn er einen Arbeitsschritt erledigt hat, kann er diese Karte umdrehen und sich auf den nächsten Arbeitsschritt konzentrieren.

Nehmen wir als Beispiel die Interpretation einer Kurzgeschichte. Dafür bekommen die Schüler der Klasse eine Checkliste, die bei der Interpretation helfen soll. Die Schüler mit sonderpädagogischem Förderbedarf *Lernen* erhalten die Checkliste in Form von Fragestellungen. Sie beantworten diese Fragen auf dem Arbeitsbogen in Stichpunkten und verfassen mit Hilfe dieser Antworten dann einen Text. Die Schüler mit sonderpädagogischem Förderbedarf *Geistige Entwicklung* sollen konkrete Fragen zum Text in Stichpunkten oder in ganzen Sätzen beantworten. Wichtig ist, dass die Kurzgeschichte für die Schüler mit sonderpädagogischen Förderbedarf sprachlich vereinfacht wird. Dies bedeutet, dass Fremdwörter durch deutsche Begriffe ersetzt und der Text in einfache Hauptsätze umgeschrieben werden. Selbstverständlich muss dabei der Handlungsstrang erhalten bleiben; nur Nebenschauplätze können entfallen.

Ein wichtiger Aspekt ist das **Arbeitsklima** innerhalb der Klasse. Das Motto „Jeder nach seinen Möglichkeiten" sollte über allem stehen. Hier spielen die überfachlichen sozialen Kompetenzen eine Rolle. Ein Klima von Akzeptanz und Toleranz bildet die Grundlage. Differenzierungen und Hilfestellungen sollten als etwas Normales und Selbstverständliches gelten. Dann können die Schüler auch untereinander voneinander und miteinander lernen.

Die überfachlichen lernmethodischen Kompetenzen werden gestärkt, indem die Selbstständigkeit der Schüler gefördert und langsam aufgebaut wird. Durch das Vermitteln von Strukturen und einem Methodenrepertoire können die Schüler eine gewisse Selbstständigkeit erlangen. Die Arbeitsaufträge sind in Tabellenform strukturiert. Jeder Arbeitsschritt ist in einer Zeile vermerkt und kann einzeln abgehakt werden. So haben die Schüler einen Überblick über ihre erledigte Arbeit und die noch anstehenden Aufgaben. Auch die konstitutiven Prinzipien der Schülerorientierung, der Sach- und Handlungsorientierung müssen unter dem Aspekt der Inklusion betrachtet werden.

Der **individuelle Ist-Stand** eines Schülers wird am Anfang detailliert diagnostiziert. Unterrichtsbeobachtungen, Sichtung der Arbeitsmaterialien und kurze Lernstandsüberprüfungen stellen die ersten Schritte dar. Durch weiterführende Screening- und Testverfahren entsteht ein detaillierter Überblick. Dann ist die Basis geschaffen, um den Schüler dort abzuholen, wo er steht. Es können ihm nun die Anregungen und Impulse gegeben werden, mit denen er einen Einstieg in das gemeinsame Thema findet.

Hierbei kann nach verschiedenen Faktoren differenziert werden: nach dem zeitlichen Faktor, dem quantitativen und nach dem qualitativen Faktor. Einem Schüler kann mehr Zeit für die Bearbeitung und zusätzlich eine verminderte Anzahl von Aufgaben eingeräumt werden.

Der qualitative Faktor muss unbedingt beachtet werden: Der Schüler soll an derselben Aufgabenstellung arbeiten, aber dafür z. B. Lösungshilfen bekommen. Oder er bearbeitet dasselbe Thema, aber mit anderen Aufgabenstellungen.

Wichtig in Bezug auf Schüler mit sonderpädagogischem Förderbedarf *Lernen* bzw. *Geistige Entwicklung* sind die konkreten Handlungsanlässe und das konkrete Material. Der Lebensweltbezug nimmt eine zentrale Funktion ein. Zuerst muss der Anknüpfungspunkt geschaffen werden. Im Anschluss daran können sich die Schüler auch theoretisch nach ihren Möglichkeiten mit dem Thema auseinandersetzen.

Fachliche Kompetenzen

Die fachlichen Kompetenzen müssen unter dem jeweiligen sonderpädagogischen Förderbedarf betrachtet werden. Im Rahmen der Sonderpädagogik wird unterschieden zwischen den Förderschwerpunkten, bei denen die Schüler **zielgleich** oder **zieldifferent** unterrichtet werden. Schüler mit den sonderpädagogischen Förderschwerpunkten *Sprache, Emotionale und soziale* sowie *Körperlich-motorische Entwicklung* werden zielgleich unterrichtet. Das gilt auch für Schüler mit den Förderschwerpunkten *Sehen* und *Hören*.

Schüler mit den sonderpädagogischen Förderschwerpunkten *Lernen* und *Geistige Entwicklung* werden zieldifferent unterrichtet.

Förderschwerpunkt *Sprache*

Es gibt **sprachheilpädagogische** Aspekte, die im inklusiven Deutschunterricht detaillierter beachtet werden sollten. Hierzu gehören phonetisch-phonologische Störungen (Laute werden nicht richtig gehört bzw. ausgesprochen), Schwierigkeiten in der Phonem-Graphem-Korrespondenz, ein nicht altersgemäß entwickelter Wortschatz, der Dysgrammatismus (grammatikalische Störungen z. B. in folgenden Bereichen: Artikelverwendung, Verbbeugung, Verbendstellung, Satzbau, ...) und kommunikativ-pragmatische Störungen (Mutismus, Schwierigkeiten in der Kontaktaufnahme, ...).

Es gibt verschiedene Unterstützungsmöglichkeiten für die betroffenen Schüler. Die sprachliche positive Rückkopplung bietet eine effektive Möglichkeit. Antwortet ein Schüler: „Das Pullover ist gelb!" So lautet die Rückkopplung: „Du hast Recht – Der Pullover ist gelb!" Durch die Wiederholung und Betonung wird der Schüler das korrekte Satzmuster abspeichern. Eine sprachliche Wiederholung des Schülers sollte nicht erzwungen werden.

Ebenfalls hilfreich sind die sprachliche Vorentlastung von Texten, klare Gesprächsregeln und ritualisierte Übungsaufgaben zu bestimmten Bereichen.

Förderschwerpunkt *Emotionale und soziale Entwicklung*

Häufige verhaltenspädagogische Aspekte, die im inklusiven Deutschunterricht zum Tragen kommen, sind ein stark ausgeprägter Bewegungsdrang, Schreibunlust, Konzentrationsschwierigkeiten, Schwierigkeiten, Reize zu filtern (und dadurch jedem Geräusch den Kopf zuzudrehen), ein mangelndes Selbstkonzept und eine geringe Frustrations- und Toleranzgrenze.

Um die Schüler bezüglich dieser Aspekte zu unterstützen, sollten Phasen der **körperlichen Aktivität** und ein angemessener **Methodenwechsel** angeboten werden. Wichtig sind eine reizarme Umgebung und eine klare Struktur im Klassenraum. Der Arbeitsplatz des betroffenen Schülers sollte den Fokus nach vorne ermöglichen. Häufig ist es für die Schüler einfacher, Unruhe und Ablenkungen auszuschalten, wenn diese im Rücken sind. Oft stehen diesem Vorhaben kleine Klassenräume und enge Tischreihen entgegen. Hier ist Kreativität bezüglich der Klassenraumgestaltung gefordert.

Eine Schreibunlust sollte nicht dazu führen, dass dem Schüler das Schreiben erlassen wird. Allerdings kann ihm mehr Zeit eingeräumt werden. Durch feinmotorische Übungen sollten die Fähigkeiten verbessert werden.

Förderschwerpunkt *Körperliche und motorische Entwicklung*

Häufig auftretende Aspekte aus dem körperlich-motorischen Bereich sind Schwierigkeiten in der **Feinmotorik** (Stifthaltung, Graphomotorik) und eine fehlerhafte **Sitzhaltung**.

Es sollte darauf geachtet werden, dass die Schüler in der richtigen Position sitzen. Eine angemessene Bestuhlung und die dazu passenden Tischhöhen sind wichtig. Idealerweise kann dies für die gesamte Klasse organisiert werden. Man kann auch Hilfsmittel wie Fußbänkchen oder Sitzkissen mit einbeziehen. Für eine gute Stifthaltung sollte auf Schreiblernstifte zurückgegriffen werden. Kurze Lockerungsübungen zwischendurch ermöglichen eine entspannte Muskulatur im fein- und grobmotorischen Bereich.

Bei komplexeren Störungsbildern ist eine Unterstützung durch Experten wie Sonderpädagogen oder Reha-Berater erforderlich.

> **Tipp:** Der Fachhandel (Sanitätshäuser, Reha-Bedarf, Seniorenportale) bietet spezielle Schreibgeräte und Ergo-Schreibhilfen an für Menschen mit Bewegungseinschränkungen an Fingern oder Hand.

Förderschwerpunkt *Lernen*

Häufige Merkmale des Förderschwerpunktes *Lernen* sind eine Merkfähigkeitsschwäche, eine Konzentrationsschwäche, eine unsichere Orientierung in Raum und Zeit, eine Strukturlosigkeit sowie Schwierigkeiten in der Organisation, in der Orientierung auf dem Arbeitsbogen, bei Reproduktions- und Transferaufgaben und in der Abstrahierung von Lerngegenständen.

Hier sollten Sie die Aufgaben im Bereich der kognitiven Anforderungen individuell anpassen. Strukturhilfen helfen den Schülern, sich zu orientieren und zu organisieren. Mit welchem speziellen Material der Schüler unterstützt werden kann, stellt sich heraus, wenn die Lernausgangslage und der Lerntyp ermittelt wurden.

Förderschwerpunkt *Geistige Entwicklung*

Im inklusiven Deutschunterricht werden folgende Aspekte aus dem Bereich der geistigen Entwicklung deutlich: ein geringer Erfahrungshorizont, ein Aufmerksamkeitsdefizit, eine Merkfähigkeitsschwäche, Konzentrationsprobleme, eine schlechte Orientierung in Raum und Zeit, Strukturlosigkeit, Schwierigkeiten bei der Organisation des Tagesablaufs, Orientierungsdefizite auf dem Arbeitsbogen, Schwierigkeiten mit kognitiven Anforderungen und mit Reproduktions- und Transferaufgaben, eingeschränkte Fähigkeiten im Lesen und Schreiben, eine fehlerhafte Stifthaltung und graphomotorische Probleme.

Die Förderung der **Basisfähigkeiten** bezüglich der Deutschkompetenzen steht im Vordergrund, um den Erfahrungshorizont zu erweitern. Die Materialien können auf den laufenden Unterricht abgestimmt werden. Hier bieten sich konkrete Anschauungsmittel und Themen aus dem näheren Umfeld der Schüler (z. B. Schulzoo) an.

Förderschwerpunkt *Sehen* und *Hören*

Der Einsatz von Sonderpädagogen der entsprechenden speziellen Fachrichtung ist unbedingt notwendig und stellt ein Recht der Schüler dar. Die Unterstützung und Förderung muss speziell auf das vorliegende Störungsbild angepasst werden und sollte unter **professioneller Anleitung** stattfinden. Der Einsatz einer Mikroportanlage zur Hörverstärkung im Unterricht betrifft auch Pädagogen und Mitschüler, Beratung und Unterstützung durch einen Experten sind unerlässlich.

Dies kann im Alltag bedeuten, dass die Sonderpädagogin oder ein externer Experte für ein paar Stunden in der Woche mit in den Unterricht kommt oder dem Pädagogenteam beratend zur Verfügung steht. Die abgesprochenen Übungen und Maßnahmen führen die anwesenden Pädagogen dann in der verbleibenden Zeit durch. Außerdem stellt die Sonderpädagogin Material zur Verfügung bzw. berät in der Herstellung von eigenen Materialien.

> **Tipp:** Erkundigen Sie sich, ob es in der Umgebung Beratungsstellen oder Selbsthilfegruppen für Sinnesbehinderte gibt. Diese Experten können Ihnen Rat und Ideen für die Arbeit mit Ihren Schülerinnen geben.

2.5 Das Deutschregal

Ein Regal oder ein Teil davon wird zum Deutschregal. Abhängig von den räumlichen Gegebenheiten kann es sich auch um einen Schrank, eine geeignete Fensterbank oder einen Rollcontainer handeln. Wichtig ist, dass die fachbezogenen Materialien einen festen Platz haben und für die Schüler jederzeit zugänglich sind.

Es versteht sich von selbst, dass neben einer **Handbibliothek** (siehe S. 81) auch Übungsmaterial zum jeweiligen Thema beziehungsweise zu Grundkompetenzen des Faches Deutsch im Deutschregal steht: ein Ordner mit Übungsblättern zu Grammatik und Rechtschreibung, ein Hängeregisterkasten mit Arbeitsblättern zu ausgewählten Sprachproblemen, Helferkarten für die Arbeit an der Klassenlektüre.

Eine gute Wahl sind auch Lernspiele, die auf motivierende Weise die Übung ausgewählter Probleme ermöglichen. Gegebenenfalls kann ein Ersatzexemplar des Lehrbuchs oder der Lektüre dort eingestellt werden.

Übungsmaterial für den Bereich Deutsch, das sich auf den individuellen Förderplan bestimmter Schüler bezieht, gehört ebenfalls in das Deutschregal, ebenso Aufgaben mit erweiterten Anforderungen. Jeder übt, was er noch nicht so gut kann, trainiert frisch erworbene Kenntnisse oder erweitert zu bestimmten Themen seine Kompetenzen. In der Inklusion sind differenzierte Angebote für frei wählbare Aufgaben eine Selbstverständlichkeit.

2.6 Das Lehrwerk

In der folgenden **Checkliste** haben wir wesentliche Aspekte zusammengestellt, die ein **Sprach- und Lesebuch** für den inklusiven Deutschunterricht idealerweise erfüllen sollte.

1. Übersichtlichkeit:
- Untergliederung in Lernbereiche und dazugehörige Kapitelthemen.

- Klar strukturierte Seitengestaltung.
- Übersichtliches Layout und wiederkehrende Farbgestaltung erleichtern den Schülern die Orientierung und unterstützen ihre Konzentration auf den Inhalt und die Aufgabenstellungen, da sie nicht durch überflüssige Reize abgelenkt werden.
- Detailliert und gegliedert formulierte Aufgabenstellungen. Zu viele Informationen in einem Satz führen bei vielen Schülern zu Unsicherheiten und Verständnisschwierigkeiten.

2. Differenzierende Angebote:
- Zu jedem Thema liegen Zusatz-Texte und Übungsaufgaben in differenzierter Form vor. Dabei werden beide Richtungen des Leistungsspektrums berücksichtigt. Leistungsstärkere Schüler brauchen Aufgaben, die sie intellektuell fordern, während leistungsschwächere Schüler durch Aufgabenstellungen und Texte in einfacher Sprache sowie anschauliche Bilder oder Grafiken unterstützt werden. Die Aufgaben für Schüler mit dem sonderpädagogischen Förderbedarf *Geistige Entwicklung* stehen in größerer Schrift.

3. Berücksichtigung sprachförderlicher Aspekte:
- Es gibt regelmäßige Kommunikationsanlässe, ein breites Angebot an Sprech- und Sprachmustern und Übungen zur Wortschatzerweiterung.

4. Vielfältiges Zusatzmaterial
- Begleithefte differenzieren und ergänzen die Themen des Lehrwerks. Es gibt Arbeitshefte mit unterschiedlichen Schwerpunkten wie Sprachförderung oder der Förderung leistungsstarker Schüler sowie zusätzliche Angebote, mit denen die Schülerinnen eigenständig ein verlängertes Training der Inhalte durchführen können. Weitere Arbeitshefte richten sich an Schüler mit den sonderpädagogischen Förderschwerpunkten *Lernen* und *Geistige Entwicklung*, die mit verschiedenartigen, alle Sinne ansprechenden Aufgaben die Lernbereiche ausreichend üben und festigen können.

Ein gut strukturiertes und differenzierendes Lehrwerk mit großem Angebot an zusätzlichen Übungsmaterialien und Trainingsheften auf allen Niveaustufen trägt wesentlich zur Entlastung der Fachlehrkraft bei der Stundenvorbereitung bei.

3.1 Differenzierungsmöglichkeiten

Aufgabenmenge variieren

Das Verändern der Aufgabenmenge ist eine einfach und schnell zu praktizierende Form der Differenzierung. Auf Arbeitsblättern und in Lesetexten kennzeichnen Sie die Pflichtübungen mit einem Zeichen, z. B. dem Anfangsbuchstaben des Schülernamens. Der Schüler kann dies auch selbst tun und entscheiden, welche Menge an Aufgaben er sich zutraut. Sie können das Arbeitsblatt auch durchschneiden und nicht relevante Übungen abtrennen. Bei selbst geschriebenen Arbeitsmaterialien können verschiedene Anforderungsstufen durch unterschiedliche Schriften kenntlich gemacht werden. Aufgaben mit erhöhtem Schwierigkeitsgrad richten sich an leistungsstarke Schüler, dürfen aber auch von allen anderen bearbeitet werden.

In der Arbeit mit einer **Lektüre** reduzieren Sie die Pflichtaufgaben, indem nur wenige Kapitel oder Abschnitte bestimmt werden, die dann erlesen und bearbeiten werden müssen. Durch Länge und Schwierigkeitsgrad der ausgewählten Texte kann eine weitere Differenzierung der Anforderungen erreicht werden.

Alle anderen Kapitel werden entweder gemeinsam in der Klasse gelesen, von einem Mitschüler vorgelesen oder mit Hilfe eines Hörbuchs erarbeitet.

Druckbild gestalten

Bei selbst geschriebenen Texten lässt sich durch die **Auswahl der Schriftart** der Lesevorgang erleichtern. In vielen Schriftarten schließen die Buchstaben am Ende mit einer feinen Linie quer zur Grundrichtung ab, den Serifen. Diese Verzierung bringt zum Lautwert eine zusätzliche Information in die Buchstabenform, die Schüler mit mangelnder Lesefertigkeit verwirren kann. Für geübte Leser stellen diese Schriften kein Problem dar. Serifenlose Schriftarten wie z. B. Arial, Tahoma und Verdana bilden formklare und eindeutige Buchstaben und sind zu bevorzugen.

Als **Schriftgröße** für Arbeitsblätter und Lesetexte aller Art sollten Sie mindestens eine 14-Punkt-Schrift wählen. So sind Buchstaben und Zahlen ohne Anstrengung optisch gut wahrzunehmen und die volle Konzentration kann auf das inhaltliche Verständnis der Übungen gerichtet werden. Professionelle Kopiervorlagen verwenden häufig sehr kleine Schriftgrößen, was sich mit einer Vergrößerung auf dem Kopiergerät gut ausgleichen lässt. Wenn dann aus einem

DIN-A4- ein DIN-A3-Blatt wird, ist dies unhandlich für die Schüler. Es bietet sich an, daraus zwei Seiten zu machen.

Wesentliche Informationen wie Schlüsselwörter oder Kernsätze werden im **Fettdruck** hervorgehoben. Das fördert eine schnelle Wahrnehmung wichtiger Satzteile, die dann gezielt erlesen werden.

Für Schüler mit unzulänglicher Lesekompetenz werden Lesbarkeit und Verständnis eines Textes bedeutsam gefördert, wenn mit jedem Satzanfang eine **neue Zeile** begonnen wird. So können Sie komplette Texte oder auch nur begrenzte Abschnitte, die sich an bestimmte Adressaten richten, gestalten. Diese Methode ist auch als „Flattersatz" bekannt.

Ein mehrzeiliger **Abstand** zwischen den Übungen und mindestens ein eineinhalbzeiliger Abstand zwischen Zeilen und Absätzen erhöhen die Übersichtlichkeit, eine Zeilennummerierung erleichtert die Orientierung im Text.

Durch Einrücken, Schriftwechsel und Fettdruck können Arbeitsaufträge oder bestimmte Inhalte wie die Informationen, die zu einer Fragestellung gehören, hervorgehoben werden.

Informationen zusätzlich hören

Das Verständnis von Schriftsprache kann durch zusätzliches Hören unterstützt werden. Schriftliche Arbeitsaufträge für die Klasse werden von Schülern **mündlich wiederholt**.

Bei Einzel- oder Gruppenarbeit liest ein Sitznachbar wichtige Sätze vom Arbeitsblatt vor, wenn es bei jemandem mit dem Lesen nicht so gut klappt. Auch Textpassagen aus Büchern oder der Tafelanschrieb werden unterstützend von Mitschülern vorgelesen.

Bei der Arbeit an Ganzschriften hat sich der Einsatz von **Hörbüchern** bewährt. Für viele Jugendbücher gibt es bereits professionell eingelesene Hörbücher zu kaufen. Diese können das selbstständige Erlesen einer Lektüre ganz oder teilweise ersetzen. Das Hörbuch kann auch gut das Lesen des Buches begleiten. Abwechselnd werden Kapitel selbst oder gemeinsam in der Klasse gelesen oder es wird dem Hörbuch gelauscht. Mit Hilfe bestimmter **Computerprogramme** wie Audacity, einem im Internet erhältlichen Gratistonstudio zum Download, können Sie selbstgewählte Bücher einlesen und für den Unterricht zum Hören aufbereiten.

Inhaltlich entlasten durch Visualisierungen

Die inhaltliche Entlastung eines Textes kann gut durch **Visualisierungen** erreicht werden. Passende Bilder oder Grafiken, Pfeildiagramme oder konkrete Gegenstände als Anschauungsmittel erleichtern die Informationsentnahme und -verarbeitung.

Das Programm Simbolo ist besonders für die Bebilderung von Handlungsanweisungen und -abläufen zu empfehlen.

Die einzelnen Grafiken lassen sich zu konkreten Handlungen zusammenfügen, so dass z. B. eine Hand, eine Kanne und ein Glas zu dem Bild „Hand gießt Wasser aus der Kanne in das Glas" wird.

Die szenische Darstellung einer Geschichte als Standbild oder Rollenspiel ist eine handlungsorientierte Möglichkeit der Visualisierung, die auch die emphatische Ebene einbezieht. Tandems oder Gruppen, die eine kurze Sequenz vorbereiten und vorführen, sollten in ihrer Zusammensetzung die Heterogenität der Lerngruppe abbilden.

Stellen Sie auch unter dem Aspekt, viele Abbildungen zu Themen anzubieten, eine Bücherkiste mit einem breiten Angebot vom schlichten Bilderbuch bis zum anspruchsvollen Sachbuch bereit, um auf allen Niveaustufen einen anschaulichen Zugang zum Thema zu ermöglichen.

Inhaltlich entlasten über die Textstruktur

Über die Struktur eines Textes erreichen Sie inhaltliche Entlastungen in verschiedener Art:

- Zusammengehörige Informationen stehen im gleichen Abschnitt,
- die Aufgabenstellung steht direkt über oder unter den Informationen, auf die sie sich bezieht,
- eine zusammenfassende Zwischenüberschrift steht über, unter oder neben dem Text,
- Auswahlantworten stehen unter dem Abschnitt, auf den sie sich beziehen, oder unter dem Textende.

Die Art der **Fragestellung** ermöglicht vielfältige Differenzierungen und spielt auch im mündlichen Unterricht eine große Rolle. Offene Fragen richten sich an alle Schüler. Es gibt eine Vielzahl richtiger Antworten, jeder kann sein Wissen einbringen. Hinführende Fragestellungen lenken auf einen gewünschten Sachverhalt, eine bestimmte Denkrichtung hin. Sie engen die Antwortmöglichkeiten ein und unterstützen unsichere Schüler. Geschlossene Fragestellungen ermöglichen auch sehr leistungsschwachen Schülern eine Beteiligung. Ein Ja oder Nein als Antwort zu geben, kann dabei durchaus eine hohe Anforderung darstellen.

Mit **Zuordnungen** lassen sich auf einfache Art Sinnzusammenhänge und Beziehungen zwischen verschiedenen Fakten darstellen oder abfragen. Bei einfachen Eins-zu-eins-Zuordnungen ist eine Verbindungslinie von einem in der linken Spalte stehenden Begriff zu einem passenden Begriff in der rechten Spalte zu ziehen. Für erweiterte Anforderungen können die Anzahl der Informationen erhöht sowie nicht passende Auswahlmöglichkeiten ergänzt werden.

Zuordnungstabellen geben Kategorien vor, in die Informationen einzuordnen sind. Die Informationen können Sie vorgeben oder die Schüler entnehmen sie selbstständig aus einer Textvorlage. Die kognitiven Anforderungen lassen sich auch über die Anzahl der Kategorien und den Schwierigkeitsgrad der Vorlage graduell abstufen.

Eine Ganzschrift inhaltlich entlasten

Für die inhaltliche Entlastung einer Ganzschrift gibt es verschiedene Wege. Im Idealfall fällt die Entscheidung zugunsten einer Klassenlektüre, für die bereits eine differenzierte Form angeboten wird. In einer solchen Fassung ist die Geschichte gekürzt, gegebenenfalls in eine einfache Sprache übertragen und mit passenden Übungsaufgaben ergänzt. Die Reihe „einfach lesen!" aus dem Cornelsen Verlag bietet derartige Leseprojekte zu diversen Kinder- und Jugendromanen an. Die Spannbreite ist groß und hält auch für die Sekundarstufe viel Auswahl an altersgemäßen Titeln bereit.

Zu jedem Kapitel gibt es **Übungsaufgaben,** die sich direkt auf den Text beziehen oder einzelne Aspekte aufgreifen. Die Aufgabenstellungen sind unterschiedlich angelegt. So sollen Lückentexte zum vorangegangenen Kapitel ausgefüllt oder Personen bzw. Orte zeichnerisch dargestellt werden (z.B. die Insel von Robinson Crusoe). Eigene Standpunkte zu einem Ereignis werden mit anderen diskutiert und schriftlich festgehalten.

Die Übungsaufgaben der Leseprojekte sind mit einfachen Mitteln auf die Fähigkeiten bestimmter Schüler anzupassen.

Die **Zeilennummerierung**, die in jedem Kapitel wieder neu bei 1 beginnt, erleichtert die Orientierung im Text. Wenn sich Aufgaben auf bestimmte Textstellen beziehen, können Sie die Zeilennummern zur Aufgabe ergänzen. Die **Aufgabenmenge**, die ein Schüler bearbeiten soll, kann schnell gekennzeichnet werden. Dabei wird über **die Auswahl** der Aufgaben eine weitere Differenzierung vorgenommen. Entsprechend möglicher Stärken oder Förderbedarfe können Sie Aufgaben mit viel oder wenig Text, inhaltliche Fragestellungen, zeichnerische Arbeitsaufträge, sprachförderliche Aufgaben oder Aufgaben zum Ankreuzen zusammenstellen.

Die Leseprojekte können ohne Aufwand parallel zu der für die Klasse gewählten Buchausgabe eingesetzt werden. In der eigenen Praxis haben wir die Leseprojekte auch erfolgreich als zusätzliche Lektüre von einzelnen Schüler bearbeiten lassen.

Wenn zu einem bestimmten Titel eine **vereinfachte Fassung** nicht zu kaufen ist, aber gewünscht wird, können Sie selbst (oder jemand aus Ihrem Team) die Handlung in schlichter Sprache zusammenfassen und dies als Arbeitsgrundlage für vereinfachte Leistungsanforderungen einsetzen. Das erfordert einen gewissen Zeitaufwand, bietet aber die Möglichkeit, durch Textgestaltung und Formulierungen gezielt bestimmte Inhalte wie Schlüsselsituationen oder Personen hervorzuheben. Beim weiteren „Herunterbrechen", also Vereinfachen einer Geschichte, werden Szenen, Personen oder Handlungsstränge weggelassen. Je niedriger das angestrebte Anforderungsniveau, desto größer die Auslassungen. Für Schüler mit Förderbedarf im Bereich *Geistige Entwicklung* kommen dabei kleine Geschichten in sehr einfacher Sprache heraus, die nur noch wenige Fragmente der ursprünglichen Geschichte beinhalten.

Für eine Schülerin mit Förderbedarf *Geistige Entwicklung* haben wir den Inhalt eines Kapitels aus „Die Räuber" von Schiller folgendermaßen zusammengefasst (weitere Kopiervorlagen zu dieser Lektüre finden Sie auf den Seiten 135 bis 138):

Amalia

Franz liebt Amalia. / Franz will Amalia heiraten. /
Amalia will das nicht. / Amalia liebt Karl. /
Franz sagt, Karl ist ein böser Mann. /
Deshalb soll Amalia Karl nicht heiraten. /
Amalia soll Franz heiraten. / Amalia will das nicht. /
Sie liebt Karl. / Nun ist Franz wütend.

Das genügt nicht den literarischen Ansprüchen, gibt dem Schüler aber einen übersichtlichen Text in die Hand, den er im günstigsten Fall selbstständig lesen und verstehen sowie schlichte Aufgaben dazu bearbeiten kann.

Auch Mitschüler als Autoren sind denkbar. Wenn zu jedem Kapitel von Schülern eine Zusammenfassung geschrieben wird, ergibt sich ein eigenes Klassenwerk in altersgemäßer Sprache, das auch als differenzierendes Parallelwerk eingesetzt werden kann. Da diese Schülerprodukte meist aus der laufenden Arbeit am Buch hervorgehen, sind sie zur Festigung oder Wiederholung, aus zeitlichen Gründen jedoch nicht zur Erarbeitung selbst in dieser Lerngruppe geeignet. Andere Klassen hingegen finden in den fertigen Schülertexten zu einem späteren Zeitpunkt eine gute Grundlage für differenziertes Arbeiten.

Inhaltlich entlasten durch Farbmarkierungen

Schnell und ohne besonderen Aufwand erreichen Sie inhaltliche Entlastungen mit Hilfe von Farbstiften für bestimmte Schüler. Das gilt sowohl für Lesetexte als auch andere Übungen.

Praxiserprobte Beispiele sind:

- Bestimmte Absätze, die zur Beantwortung einer Frage wichtig sind, werden mit einer bunten Linie umrandet.
- Frage und lösungsbedeutsamer Absatz werden in gleicher Farbe gekennzeichnet.
- Personen, Situationen, Orte usw., die in Beziehung zueinander stehen, werden in gleicher Farbe unterstrichen (alles, was zur Personenbeschreibung von XYZ gehört).
- Die Begriffe, mit denen ein Schüler konkret arbeiten soll (z. B. für den Einsatz in Lückentexten oder zur Bildung neuer Sätze), werden farbig gekennzeichnet.
- Lücke und einzusetzender Begriff werden in gleicher Farbe unterstrichen. So kann eine Differenzierung auf allereinfachstem Niveau erreicht werden.

Differenzierungen durch **Farbkennzeichnung** können Sie vorbereitend in die Arbeitsmaterialien bestimmter Schüler einfügen, aber auch bei Bedarf im Unterricht als zusätzliche Hilfe für den Schüler schnell umsetzen.

Differenzierung durch die Aufgabenstellung

Im Bereich **Textproduktion** bestimmen Sie das Leistungsniveau im Wesentlichen über die Aufgabenstellung. Die Interpretation eines Textes erfordert hohe Kompetenzen, während die Wiedergabe bestimmter Inhalte (z. B.: „Beschreibe sein Haus.") eine einfache Anforderung darstellt.

Graduelle Hilfestellungen sind möglich über Stichworte, ein Raster mit zu beachtenden Aspekten oder die Vorgabe eines Textanfangs als Einstieg. Auf einem sehr einfachen Niveau werden **Modelltexte** bereitgestellt, die als Vorlage für einen parallel dazu zu schreibenden Text dienen, sowie Lückentexte oder Satzstreifen, die passend zur „Hausbeschreibung" zusammengefügt und geklebt bzw. geschrieben werden.

3.2 Bewährte Arbeitsmethoden

Folgende Arbeitsformen haben sich in Bezug auf inklusiven Deutschunterricht in der Praxis bewährt. Es sind Methoden aus dem regulären Unterricht, die nun unter dem Aspekt der Inklusion betrachtet werden. In der folgenden Darstellung ordnen wir diese Methoden in die Kategorien der fachlichen Kompetenzen (Sprechen und Zuhören, Lesen, Schreiben) aus dem Lehrplan für das Fach Deutsch ein. Diese Zusammenstellung kann und soll keine Vollständigkeit implizieren, sondern eine Anregung für den eigenen Unterricht darstellen.

Modellierungstechniken

Im Modelllernen geht es darum, dem Schüler eine sprachlich inkorrekte Äußerung korrigiert zu spiegeln, um eine langfristige Korrektur der Form zu erwirken.

Beispiel:

Paul: „Wann ist das Stunde vorbei?"

LK: „Die Stunde ist um 9:35 Uhr vorbei."

Diese Methode eignet sich besonders gut für den inklusiven Deutschunterricht, da alle Schüler korrigiert werden und dies in das Unterrichtsgespräch integriert wird. Es bedarf keiner zusätzlichen Vorbereitung, sondern kann direkt angewendet werden. Die Schüler empfinden es nicht als Korrektur, da nicht von

„falsch" gesprochen wird. Mit der Zeit achten die Schüler auch unbewusst selber mehr darauf und verbessern sich gegenseitig.

Präsentationen

Präsentationen sind ein fester und sehr wichtiger Bestandteil des Unterrichts. Hier haben die Schüler die Möglichkeit, die Ergebnisse ihrer Arbeiten vorzustellen und sich darauf gezielt vorzubereiten. Unter anderem trainieren sie das **freie Sprechen**.

Im Rahmen dieser Methode lassen sich Schüler mit unterschiedlichen Kompetenzen und Fähigkeiten integrieren. Auch in heterogenen Arbeitsgruppen ist dies möglich. Bei einer komplexen Aufgabenstellung können Sie die Teilaufgaben differenzieren. Innerhalb einer Arbeitsgruppe unterstützen sich die Schüler ohnehin. Bei der Präsentation können Sie den entsprechenden Schülern Hilfestellungen an die Hand geben.

Nehmen wir an, dass das Thema Fabeln behandelt wird. Die Schüler sollen in Kleingruppen zu einer vorgegebenen Moral eine selbst geschriebene Fabel präsentieren. Leistungsstarke und leistungsschwache Schüler sind in gemischte Kleingruppen integriert. Jeder kann seine/ihre individuellen Stärken in die Gruppenarbeit einbringen.

Emma und *Lisa* schreiben beide gern eigene Geschichten und Texte. Sie haben zwar große Schwierigkeiten mit der Orthografie und Zeichensetzung, jedoch nicht mit der Phantasie. Sie bringen wertvolle Ideen und Gedanken in die Phase der Planung der Fabel ein. Beide sind kreative Schülerinnen und können Plakate thematisch gut gestalten. Auch damit können sie sich sehr gut in die Gruppenarbeit einbringen.

Christian vermeidet zwar einerseits das Schreiben, bringt aber andererseits ein gutes verknüpfendes Denken mit und viel Phantasie.

Er ist ein Schüler, der ein großes Bewegungsbedürfnis hat. Dieses kann im Rahmen von Präsentationen kanalisiert werden, indem er mit großräumigen Gesten seinen Vortrag begleitet.

Tipp: Ein Stehpult bietet *Christian* die Möglichkeit, Halt zu bekommen. Durch das Festhalten wird er ruhiger, er kann sich „erden". Es ist noch eine Barriere zwischen ihm und der Klasse, das gibt Sicherheit.
Schaffen Sie ein leicht transportierbares Stehpult für Ihre Schule an, das bei Bedarf in den Unterrichtsraum geholt wird.

Kemal (Förderschwerpunkt *Geistige Entwicklung*) liebt es, kleine Rollenspiele aufzuführen, und schreibt schon lautgetreu einzelne Begriffe. Er kann bei der Gestaltung des Plakates helfen und bei der Präsentation der Fabel eine Rolle im Rollenspiel übernehmen.

Schüler mit einer Sehbehinderung arbeiten mit einer Bildschirmvergrößerungssoftware oder anderen, auf ihren besonderen Bedarf abgestimmten Programmen am Computer oder nutzen eine Schreibmaschine für Blindenschrift, um ihre Notizen für die Präsentation anzufertigen. Die Präsentation kann dann vor der Klasse gehalten werden.

Arbeit mit dem Wörterbuch

Der Umgang mit dem Wörterbuch ist eine grundlegende Kompetenz im Deutschunterricht. Wenn die Schüler diese Methode beherrschen, können sie die Bedeutung unbekannter Begriffe nachschlagen oder die Rechtschreibung einzelner Wörter überprüfen. Gerade für die leistungsschwächeren Schüler eröffnet sich hier ein Feld des selbstständigen Erkundens, was insgesamt ihre Selbstständigkeit stärkt.

Um den Schülern die Arbeit mit dem Wörterbuch nahe zu bringen, hat sich die Stationsarbeit bewährt, da sie die Möglichkeit bietet, die Schüler in ihrem Lernprozess individuell zu unterstützen und zu begleiten.

Je nach Leistungsstand der Schüler können Sie Quantität und Qualität der Aufgaben variieren (vgl. Differenzierungsmöglichkeiten).

Eine Voraussetzung, um mit dem Wörterbuch arbeiten zu können, ist die **Kenntnis des Alphabets**. Hier kann es eine Unterstützung für die leistungsschwächeren Schüler sein, wenn Sie das Alphabet als Wandplakat aufhängen oder Markierungen im Wörterbuch anbringen.

Im Rahmen von kleinen, spielerischen Wettkämpfen (wer findet das Wort zuerst) wird der Ehrgeiz der Schüler schnell geweckt.

Nutzung einer Bibliothek

Schüler sind schon früh in den Schulen darauf angewiesen, Informationen zu sammeln und zu filtern, insbesondere für die Vorbereitung von Präsentationen. Der gemeinsame Besuch einer Bücherei ist hier der erste, wichtige Schritt. In einem Elternbrief können Sie die Eltern informieren und mit einbeziehen.

Im Rahmen einer **Rallye** erkunden die Schüler in heterogenen Gruppen die Bibliothek. Im nächsten Schritt können kleine Recherchaufgaben gestellt werden. In der Bibliothek gibt es Lesematerialien und Informationen auf unterschiedlichen Niveaustufen, so dass sich jeder Schüler angesprochen fühlen kann. Sehr leistungsschwache Schüler benötigen zu Beginn eine intensivere Begleitung, werden dann aber schnell von den anderen Mitschülern mitgezogen und motiviert.

Recherchieren mit einer Suchmaschine

In der heutigen Zeit ist es unmöglich, das Internet aus dem Unterricht auszuschließen. Die Schüler wachsen mit den virtuellen Medien auf und nutzen diese auch ausgiebig. Unsere Aufgabe besteht darin, den Schülern einen verantwortungsvollen Umgang mit den Medien zu vermitteln.

Im Rahmen einer **Internetrallye** mit verschiedenen Fragen und Rechercheaufgaben können die Schüler lernen, das Potenzial des Internets sinnvoll zu nutzen.

Auch hier sollten Sie die Stärken der Schüler nutzen, um sie besser integrieren zu können. So hat *Kemal* eine große und intensive Leidenschaft für den öffentlichen Nahverkehr in Hamburg. Sein Interesse und seine Fähigkeiten in diesem Bereich können der Klasse nutzen. Bei der Planung von Ausflügen ist es die Aufgabe von Kemal, nach entsprechenden Verbindungen zu schauen. Leistungsstärkere Schüler arbeiten mit ihm zusammen und behalten die Uhrzeiten von Ankunft und Abfahrt im Blick. Die Ergebnisse stellt Kemal der Klasse vor.

Lesemethode mit Schlüsselwörtern

Die Arbeit mit Schlüsselwörtern ist im Deutschunterricht eine wichtige Methode für das Erfassen von Textinhalten. Einer oder mehrere zentrale Begriffe in einem Abschnitt helfen, den Sinn des Textes zu erfassen und den Inhalt des Abschnittes in eigenen Worten wiederzugeben. Diese Bedeutung und Funktion von Schlüsselwörtern müssen die Schüler verstehen. Zu erkennen, welche Begriffe die Schlüsselwörter sind, ist für Schüler eine große Herausforderung; dafür brauchen sie auf unterschiedliche Weise Unterstützung.

Es hat sich bewährt, einen unbekannten Text mit Hilfe folgender Arbeitsschritte zu erfassen.

Schritt 1: Beim ersten Lesen des Textes liest die Lehrkraft den Text langsam vor und die Schüler lesen mit. Dabei unterstreichen die Schüler alle ihnen unbekannten Begriffe mit Bleistift. Leistungsschwächere Schüler können den Inhalt des Textes so besser erfassen, da sie nicht durch die Technik des Lesens abgelenkt werden.

Kemal bekommt einen Text, in dem die Schlüsselwörter schon unterstrichen sind. Hierdurch kann er sich vollständig auf den Inhalt konzentrieren. Ebenso ist es hilfreich, wenn er den Kopf auf die Arme legt und sich komplett auf das Zuhören beschränkt.

Schritt 2: Im nächsten Schritt werden die Bedeutungen der unbekannten Begriffe geklärt. Hier bietet es sich an, das Wörterbuch einzubinden. Es ist sinnvoll, eine Begriffsliste zu erstellen, in der neben den Begriffen die Bedeutungen notiert werden. Für die leistungsschwächeren Schüler können Sie schon Listen vorbereiten, in die nur noch die Bedeutungen eingetragen werden müssen.

Schritt 3: Jetzt lesen die Schüler den Text noch einmal in stiller Einzelarbeit. Hierbei unterstreichen sie die Schlüsselwörter des Textes mit einem Buntstift. Es ist es wichtig, dass die Schüler jeden Abschnitt einzeln bearbeiten. In jedem Abschnitt gibt es ein Hauptwort und dazu passende Schlüsselbegriffe. Die Hauptwörter und die Schlüsselwörter werden in jeweils der gleichen Farbe unterstrichen.

Verschiedene Möglichkeiten zur Unterstützung von Schülern bieten sich an. *Emma* und *Lisa* bekommen einen Text, in dem die Hauptwörter in jedem Abschnitt markiert sind. Ihre Aufgabe ist es nun, die entsprechenden Schlüsselwörter zu unterstreichen. Eine weitere Hilfestellung kann es sein, wenn Sie die Schlüsselwörter abschnittsweise vorgeben. *Kemal* erhält den Text, in dem alle Hauptwörter in einer Farbe markiert sind und die Schlüsselwörter in einer anderen Farbe unterstrichen sind. Seine Aufgabe ist es nun, die Begriffe sortiert in eine Tabelle zu schreiben. Auf diese Weise beschäftigt er sich mit den wichtigen Begriffen.

Schritt 4: Im letzten Schritt erstellen die Schüler eine Mindmap zum Text. Sie bildet die Grundlage, um den Text in eigenen Worten zusammenfassen zu können. Auch hier können Sie durch vorgegebene Strukturen die Arbeit erleichtern.

Mindmap

Das Erstellen einer Mindmap ist ein effektives Mittel, um Texte inhaltlich zu erfassen. Sie hilft dabei, den Text im nächsten Schritt in eigenen Worten zusammenzufassen. Für die meisten Schüler ist es eine Herausforderung, Cluster zu bilden. Hier ist der Hinweis auf die Hauptwörter und die dazugehörigen Schlüsselwörter hilfreich.

Lisa und *Emma* erhalten eine leere Mindmap-Struktur und müssen die entsprechenden Begriffe aus dem jeweiligen Text einfügen. *Kemal* wird mit einer Mindmap-Struktur entlastet, in der der zentrale Begriff eingetragen ist und die Clusterfelder schon beschriftet sind, er muss nur noch die von ihm in eine Tabelle sortierten Begriffe (siehe Schritt 3) in die Mindmap übertragen.

Plakat

Plakate anzufertigen ist eine Kompetenz, die von Schülern immer wieder in ihrem Schulleben gefordert wird. Sie sollen Lernplakate zu diversen Themen erstellen oder Plakate für ihre Präsentationen anfertigen. Hierfür müssen sie verschiedene Kriterien beachten. Eine Checkliste mit den Kriterien ist für die Schüler eine gute Orientierung (Verteilung von Text und Bild, Lesbarkeit, Hervorhebungen ...).

Plakate sind ein wunderbares Medium, um wichtige Informationen für den Lernprozess sichtbar zu machen. Gerade lernschwächere Schüler können so im Unterricht wichtige Informationen abrufen.

Lernschwächere Schüler können in der Plakatgestaltung unterstützt werden, indem sie Abbildungen und Diagramme passend zum Thema erhalten oder recherchieren müssen, die sie anschließend sinnvoll auf dem Plakat platzieren und beschriften müssen. Die Erläuterung der einzelnen Abbildungen stellt dann die Präsentation dar.

Handout

Präsentationen werden oft durch ein Handout komplettiert. Darin werden die wichtigsten Informationen der Präsentation zusammenfassend dargestellt. Zeichnungen, Fotos oder Schaubilder können diese aufwerten. Die Angaben der verwendeten Literatur und anderer Quellen ergänzen das Handout und sorgen für einen glaubwürdigen Eindruck.

In den höheren Jahrgängen, wenn es auf die Abschlussprüfungen zugeht, stehen die Schüler vor der Herausforderung, ein Handout zu ihren Präsentationen zu gestalten.

Es hat sich bewährt, den Schülern ein ausgearbeitetes Beispiel zur Orientierung zur Verfügung zu stellen.

Leistungsschwächeren Schülern kann das Erstellen eines Handouts durch die Vorgabe einer Mindmap-Struktur erleichtert werden. Durch diese Struktur halten Sie die Schüler dazu an, die Informationen thematisch zu sortieren und darzustellen. Durch das Ergänzen von Abbildungen, Graphiken und/oder Diagrammen wird die Mindmap lebhafter. Die Mitschüler haben dann die Möglichkeit, weitere wichtige Informationen gezielt einzutragen.

3.3 Kooperative Lernformen

Kooperative Lernformen sind in jedem Unterricht besonders wichtig, nicht nur im Deutschunterricht. Sie bieten Möglichkeiten, Schüler mit unterschiedlichen Voraussetzungen an einem Thema arbeiten zu lassen. Jeder kann sich nach seinen individuellen Fähigkeiten einbringen. Wir stellen hier eine Auswahl vor.

DAB: Denken – Austauschen – Beraten

Bei der Methode „Denken – Austauschen – Beraten" geht es darum, sich mit einer Fragestellung in verschiedenen Schritten auseinanderzusetzen.

Beispiele sind:
- „Was sind Adjektive?"
- „Welche Zeitformen kennst du?"
- „Warum verhält sich die Hauptperson des Romans XY in der Situation so?"

Zuerst sollen die Schüler für sich alleine denken, dann tauschen sie sich mit ihrem Partner über ihre Gedanken aus und beraten sich anschließend in der Gruppe. So wird es jedem ermöglicht, seine Meinung oder seine Ergebnisse in eine Gruppe mit einzubringen. Eine klare Zeitvorgabe pro Phase gibt den Schülern einen Rahmen und eine Orientierung (z. B. jeweils eine Minute).

Gerade zu Beginn sind inhaltlich eng gehaltene Fragestellungen sinnvoll, später können mit wachsender Erfahrung offenere Fragen gestellt werden. Leistungsheterogene Partner in der Austauschphase zusammenzubringen, hat sich als sehr erfolgreich herausgestellt. Die leistungsstärkeren Schüler erläutern ihre Überlegungen und festigen auf diese Weise ihr Wissen und die leistungsschwächeren Schüler lernen von ihren Mitschülern.

Geh und sprich!

Die Methode zielt darauf ab, dass sich die Schüler bewegen und in einen kommunikativen Austausch kommen. Sie ist gut als Warm-up geeignet.

Jeder Schüler erhält eine Karte. Auf einer Seite steht eine Frage, auf der Rückseite die Antwort. Nun wandern die Schüler durch die Klasse und stellen sich gegenseitig die Fragen. Nach Beantwortung werden die Karten getauscht und ein neuer Partner wird aufgesucht. Diese Methode wird zeitlich durch die Lehrkraft begrenzt. Klare Regeln sind unerlässlich: Es darf z. B. nicht getobt werden.

Eine Vorgabe bezüglich der Gesprächspartner als sich bewährt, z. B. soll abwechselnd mit einem Jungen und mit einem Mädchen gesprochen werden.

Nun gibt es verschiedene Varianten, um der heterogenen Lerngruppe gerecht zu werden. Es können Hilfestellungen (Tipps, weitere Fragestellungen) angegeben sein, wenn die Schüler Schwierigkeiten haben, die Frage selbstständig zu beantworten.

Durch eine farbliche Gestaltung der Karten können Gesprächspartner vorsortiert werden.

Beispiele für Fragen sind:
- Was ist ein Nomen?
- Was ist eine Konjunktion?
- Zu welcher Wortart gehört der Begriff „Labyrinth"?
- Zu welcher Wortart gehört der Begriff „kompensieren"?

Oder Fragen zu einem bestimmten Text:
- Wer ist die Hauptfigur?
- Wo spielt die Geschichte?
- Was ist eine Metapher?
- ...

Bewegte Unterhaltung

Diese kooperative Lernform ist eine Variante von „Geh und sprich!". Den Schülern wird ein Gesprächsthema gestellt; sie sollen sich darüber frei mit diversen Partnern unterhalten. Auch bei dieser Methode sind die Schüler in Bewegung und kommunizieren miteinander. Kleine Hilfekarten mit Schlagworten helfen, die Gespräche aufrecht zu erhalten: „Was spricht für und was gegen die Nutzung von ... im Unterricht?", „Welche Merkmale haben Verben?", „Wie hättest du anstelle der Hauptfigur gehandelt?"

Nenne mir fünf ...

Bei dieser kooperativen Lernform, die als Warm-up geeignet ist, erhalten die Schüler jeweils eine Karte, auf der ein Arbeitsauftrag steht, der zum jeweiligen Themengebiet passt: „Nenne mir fünf Nomen (Präpositionen, Adjektive im Superlativ, ...)!", „Nenne mir fünf Beispiele für Fragesätze!" oder „Nenne mir fünf Merkmale für ein Gedicht!"

Die Schüler suchen sich wieder wechselnde Gesprächspartner und wiederholen so die Inhalte eines Themas. Leistungsschwächere Schüler werden im Bedarfsfall von ihren Gesprächspartnern bei der Sammlung entsprechender Begriffe unterstützt. Eine andere Möglichkeit ist, dass diese Schüler weniger Antworten nennen müssen oder der Arbeitsauftrag auf sie abgestimmt ist.

Weitere **Beispiele** für Arbeitsaufträge:

- Nenne mir fünf Adjektive, die Gefühle beschreiben.
- Nenne mir fünf Sätze mit Konjunktionen.
- Nenne fünf Fragewörter.
- Nenne fünf Synonyme für „sagen".
- Nenne fünf Verben, die eine Bewegung ausdrücken.
- Nenne fünf Verben im Futur.
- Nenne fünf Nomen im Dativ.

Reden und Drehen

Die Schüler stehen im Kreis; jeder erhält eine Karte mit einer Fragestellung und der entsprechenden Antwort. Dann wird durchgezählt: 1, 2, 1, 2, 1, ... Anschließend drehen sich alle Schüler mit einer Eins zu ihrem linken Nachbarn. Nach gegenseitiger Beantwortung der Fragen werden die Karten getauscht und die Schüler drehen sich zu ihrem rechten Nachbarn.

Tipp: Bei den bisher vorgestellten kooperativen Übungsformen ist es sinnvoll, am Ende der Übungsphase nach Unklarheiten und Unsicherheiten zu fragen und diese direkt zu klären, damit sich keine falschen Lerninhalte einprägen.

Diese Varianten können eingesetzt werden, um diverse Phänomene und Themengebiete aus dem Deutschunterricht zu üben und zu wiederholen.

- Wortschatz (Begriff – Bedeutung)
- Wortarten
- Zeitformen
- Zeichensetzung
- Fragen zu Sachtexten, Lektüren

Ausstellungspuzzle

Bei dieser Kooperationsform handelt es sich um eine Präsentationsform. Im ersten Schritt erarbeiten die Schüler in einer Kleingruppe eine Präsentation mit Plakat. Nun erhält jedes Mitglied der Gruppe eine Karteikarte, auf der die wichtigsten Informationen für die Präsentation stehen. Auf diese Weise sind alle Schüler der Gruppe in der Lage, die Präsentation zu halten. Alle Schüler können die Informationen an andere Mitschüler so weitergeben.

Jedes Gruppenmitglied erhält eine Nummer. Im Anschluss an die Gruppenarbeit stellen sich neue Gruppen zusammen, orientiert an der Nummer, die sie erhalten haben. So bilden alle Schüler mit der Nummer 1 eine Gruppe, alle Schüler mit der Nummer 2 und so weiter.

Die Ergebnisse aus den Gruppenarbeiten, hier die Plakate, werden ausgestellt und die neu zusammengestellten Gruppen rotieren durch den Raum. An jedem Plakat hat nun ein Schüler der Gruppe die Aufgabe, das Ergebnis zu präsentieren. Steht nun die Gruppe 1 vor einem Plakat, wird es einen Schüler in der Gruppe geben, der an der Gestaltung beteiligt war. Dieser hält in dem Moment die Präsentation und die anderen Schüler der Gruppe 1 hören zu. Im nächsten Schritt wechselt die Gruppe zum nächsten Plakat.

Auch in dieser Kooperationsform können leistungsschwächere oder geistig behinderte Schüler integriert werden. Im Rahmen der Gruppenarbeit, in der die Präsentationen und Plakate erstellt werden, können sie mitarbeiten. Sie erhalten eine Karteikarte, mit der ein Vortrag möglich sein wird.

Platzdeckchen

Bei dieser Methode geht es darum, das Vorwissen der Schüler abzufragen und zu dokumentieren.

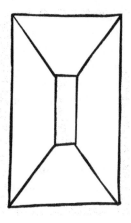

Die Schüler werden in heterogene Kleingruppen (drei bis fünf Schüler) eingeteilt. Jede Gruppe erhält ein DIN-A3-Papier. In der Mitte steht die Fragestellung und der Rest des Blattes ist in große Felder aufgeteilt. Nun sollen die Schüler in stiller Einzelarbeit ihre Gedanken zu der Fragestellung in ihrem Feld notieren. Anschließend erhalten die Schüler Zeit, um sich in der Gruppe auszutauschen. Das Gruppenergebnis sollen die Schüler abschließend in das Feld zur Fragestellung schreiben. Im Plenum stellt dann jede Gruppe ihr Ergebnis vor. Bei dieser Methode sind auch die lernschwächeren Schüler gut zu integrieren.

Es ist den Schülern freigestellt, ob sie in Sätzen, Stichpunkten oder Schlüsselbegriffen antworten wollen. Schüler, denen das Schreiben noch schwerfällt, können Skizzen anfertigen. Durch den Austausch in der Kleingruppe und anschließend im Plenum bekommen auch die lernschwächeren Schüler eine Menge Informationen mit.

Kugellager

Die Schüler sprechen in kurzer Zeit mit mehreren Partnern über Arbeitsergebnisse oder über eine Fragestellung. Die Klasse bildet einen Innen- und einen Außenkreis. Die sich gegenüber stehenden Partner tauschen sich über die Arbeitsergebnisse aus. Es muss festgelegt werden, ob der innen oder außen Stehende beginnt. Nach einer bestimmten Zeit (ev. auf ein Klingelzeichen hin) dreht sich der Außenkreis um zwei bis drei Personen weiter und die Schüler tauschen sich erneut aus.

In der Praxis hat sich gezeigt, dass diese Methode sich hervorragend eignet, um leistungsschwache Schüler zu integrieren.

Kontrolle im Tandem

Bei dieser Form des kooperativen Lernens vergleichen die Schüler ihre Arbeitsergebnisse aus der Einzelarbeitsphase mit einem Mitschüler und besprechen sie. Hierfür wird in der Klasse ein Treffpunkt mit einer Symbolkarte oder einer Beschriftung markiert, an dem sich die Schüler treffen können, die mit der Bearbeitung fertig sind. Wählen Sie den Treffpunkt so, dass die weiterarbeitenden Schüler nicht gestört werden.

Hier ergeben sich die Partner bedingt durch das Arbeitstempo der Schüler. Durch das gemeinsame Kontrollieren und gegenseitige Erläutern wiederholen und festigen die Schüler die Lerninhalte noch einmal. Darüber hinaus erhält die Lehrkraft einen schnellen Überblick über den Leistungsstand der Klasse. Für besonders zügig arbeitende Schüler sollten Sie weitere Arbeitsangebote bereitstellen.

Nummerierte Köpfe

Diese Methode gibt eine Struktur für die Gruppenarbeit vor, mit der sichergestellt wird, dass sich alle an der Arbeit beteiligen, da jeder am Ende für die Präsentation verantwortlich sein kann.

Im Rahmen einer Gruppenarbeit soll eine Aufgabe bearbeitet werden. Jeder Schüler in der Gruppe erhält eine Nummer. Wenn die Gruppenarbeit beendet ist, präsentiert der Schüler die Ergebnisse, dessen Nummer die Lehrkraft nennt.

> **Tipp:** Es liegt in Ihrer Entscheidung und Verantwortung, welche Nummer am Ende der Stunde präsentieren soll. Sie können auf diese Weise einen Schonraum für leistungsschwächere Schüler schaffen.

Diese Methode eignet sich auch, wenn in den Gruppen Lernplakate erstellt werden, z. B. über Klassenregeln. Jede Gruppe ist für eine Regel verantwortlich. Die Schüler beschäftigen sich mit dieser Regel, werden Experten dafür und sind dafür verantwortlich, sie ihren Mitschülern verständlich zu machen. Wer diesen Part am Ende übernimmt, entscheidet dann die Nummer. Die gemeinsame Verantwortung für die Vermittlung einer Klassenregel stärkt das soziale Miteinander. Schüler mit Schwierigkeiten im Bereich *Lernen* oder *Geistige Entwicklung* können je nach ihren Stärken und Fähigkeiten Aufgaben in den Gruppen übernehmen, z. B. bei der Materialbeschaffung oder Ausgestaltung des Lernplakats.

Gruppenpuzzle

Im ersten Schritt wird die Klasse in Stammgruppen aufgeteilt. Die Gruppengröße orientiert sich an der Anzahl der zu bearbeitenden Themen bzw. der Themenaspekte. Bei dem Thema Kurzgeschichten müssen z. B. fünf Merkmale einer Kurzgeschichte erarbeitet werden. Er ergeben sich in diesem Beispiel Gruppen mit fünf Mitgliedern.

Innerhalb der Stammgruppe wählt jeder Schüler ein Merkmal als sein Expertenthema aus. Dann treffen sich gruppenübergreifend die Schüler mit demselben Thema (Merkmal) in einer Expertengruppe und bearbeiten gemeinsam ihren Themenaspekt. Anschließend trägt jeder Experte die Ergebnisse aus seiner Expertengruppe in seiner Stammgruppe vor. Auf diese Weise erhalten alle Gruppenmitglieder Informationen über alle Themenaspekte.

Die Schüler lernen hierbei auf unterschiedlichen Ebenen, da sie sich zuerst neues Wissen aneignen und anschließend verständlich vermitteln müssen. Die Pädagoginnen nehmen bei dieser Methode die Rolle von Lernberatern ein. Auf diese Weise können Schüler individuell unterstützt und gefördert werden.

Drei-Schritte-Interview

Innerhalb dieser Kooperationsform tauschen vier Schüler Informationen aus, indem sie drei Schritte befolgen.

Schritt 1: Es werden Vierergruppen gebildet.

Schritt 2: Innerhalb dieser Gruppen finden sich zwei Paare, die sich gegenseitig interviewen.

Schritt 3: Anschließend stellen die Paare in ihrer Vierergruppe die Ergebnisse vor. Lernschwächere Schüler werden bei Bedarf durch ihre Mitschüler unterstützt.

Tipp: Diese Methode ist gut geeignet, um z. B. Fragen zu einer Lektüre zu stellen und zu beantworten. Die Fragen können die Schüler auch selbst vorher zusammenstellen.

3.4 Feedbackformen

Blitzlicht

Beim Blitzlicht erhält jeder Schüler die Möglichkeit, seine Meinung, sein Befinden oder seine Wünsche zu äußern, je nach dem Aspekt, unter welchem das Blitzlicht durchgeführt wird. Wichtig ist, dass die Schüler ihre Äußerungen begründen. Wenn die Methode eingeführt und geübt ist, werden die Begründungen der Schüler detaillierter. Schülern, die eine Hilfestellung benötigen, können Satzanfänge in Form von ausgeteilten Sprechblasen angeboten oder vorformulierte Begründungen zur Auswahl gestellt werden:

„Ich fühle mich ..., weil ..."

„Mir hat die Stunde gefallen, weil ..."

„Ich stimme nicht zu, denn ..."

„Mich hat besonders gestört, dass ..."

Zu Beginn werden Schüler häufig unbegründete Antworten geben. Unterstützen Sie durch gezielte Nachfragen bei der Formulierung einer Begründung.

Satzanfänge

Schreiben Sie vor der Stunde einige Satzanfänge zu einem Thema an die Tafel, zu dem Sie eine Rückmeldung haben möchten. Sie entscheiden, ob Sie eine Rückmeldung über einen Prozess auf der fachlichen, emotionalen oder grundsätzlichen Ebene haben möchten oder ob Sie eine Aussage für einen Ausblick wünschen. Klappen Sie die Tafel erst auf, wenn Sie im Unterricht in der passenden Phase angekommen sind (Alternative: auf Folie schreiben oder Arbeitsblätter mit den Sätzen verteilen).

Die Schüler werden aufgefordert, nur *einen* ausgewählten Satzanfang zu vervollständigen. Sie dürfen nicht mehr als einen Satz sagen.

Beispiele:
Heute habe ich gelernt, ...
Ich bin stolz auf mich, weil ...
Am liebsten arbeite ich, wenn ...
Für die nächste Woche wünsche ich mir, ...

Feedback-Burger

Der „Feedback-Burger" ermöglicht konstruktive Rückmeldungen zwischen Schülern nach Präsentationen. In eine einfache Zeichnung eines Burgers baut jeder Schüler seine Rückmeldung wertschätzend und durch Ich-Botschaften auf. Die bildliche Darstellung motiviert die Schüler; die vorgegebenen Aussagen helfen bei der Formulierung (siehe Kopiervorlage S. 139).

Besprechen Sie vor dem ersten Einsatz das Prinzip der fünf Aussagen: Lob, Beobachtung, Wirkung, Empfehlung und positive Zusammenfassung.

Der „Feedback-Burger" kann allein und in der Gruppe ausgefüllt werden; die Gruppenmitglieder müssen sich entweder auf eine Formulierung, z. B. zum Tipp, einigen oder jeweils einer ist für eine der fünf Aussagen allein verantwortlich.

Auch *Emma* oder *Kemal* finden etwas, was sie loben können oder was ihnen aufgefallen ist, wenn sie mit der Methode etwas vertraut sind.

Punkten auf der Zielscheibe

Bereiten Sie eine einfache Zielscheibe vor. Je nach Ausstattung des Klassenraumes kann dies auf einem Plakat, der Tafel oder auf dem Smartboard sein. Die Zielscheibe wird nach der Anzahl der abzufragenden Aspekte aufgeteilt. Nun sollen die Schüler ihre Meinung äußern, indem sie einen 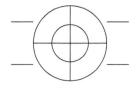 Punkt setzen. Je weiter der Punkt in der Mitte positioniert wird, desto zufriedener ist der Schüler mit dem Aspekt. Dies ist eine motivierende Variante der Rückmeldung, die sprachlich begleitet werden kann, aber nicht muss und sich deshalb auch für eher zurückhaltende Schüler eignet.

Methode 3+/3-

Die Schüler geben hier eine schriftliche Rückmeldung. Zu einem Projekt, einer Unterrichtseinheit oder einer Präsentation schreiben sie drei positive und drei negative Punkte auf. Je nach den schriftsprachlichen Fähigkeiten der Schüler können die Rückmeldungen in unterschiedlichen Versionen verfasst sein. Die Schüler können Stichpunkte notieren, etwas bildlich gestalten oder durch einen Helfer (Schüler oder Pädagoge) unterstützt werden.

Die Zettel werden gesammelt; unklare Formulierungen geklärt. Abschließend einigt sich die Klasse mit der Lehrkraft gemeinsam auf Konsequenzen.

Fünf-Finger-Methode

Diese Methode wird mündlich im Plenum oder schriftlich in der Einzelarbeit nach einer Unterrichtsstunde eingesetzt (siehe Kopiervorlage auf Seite 132). Jeder Finger steht für eine Aussage, die nun von den Schülern ergänzt werden soll. Die Schüler können die Sätze vervollständigen oder Stichwörter aufschreiben (je nach Vermögen).

Die Schüler bewerten auf diese Weise eine Unterrichtsstunde:

- Kleiner Finger: „Mir ist zu kurz gekommen, mir fehlte ..."
- Ringfinger: „Ich war zufrieden mit ..."
- Mittelfinger: „Das nehme ich aus dem Unterricht mit, das habe ich gelernt ..."
- Zeigefinger: „Diesen wichtigen Hinweis habe ich erhalten ..."
- Daumen: „Ich fand besonders gut, ..."

Daumenprobe

Diese Feedbackmethode eignet sich für ein schnelles Meinungsbild nach einer Unterrichtsstunde. Sie stellen eine auf den Unterricht bezogene Frage und die Schüler antworten non-verbal, indem sie ihren Daumen in der entsprechenden Position (positiv, unentschieden, negativ) hochhalten. Bei einzelnen Schülern können Sie gezielt nach einer Begründung fragen.

Aufstehen/Summen

Sie formulieren eine Aussage, zu der die Schüler durch Aufstehen oder Summen Stellung beziehen sollen. Wenn die Schüler der Aussage zustimmen, stehen sie auf, wenn sie nicht zustimmen, bleiben sie sitzen. Bei der anderen Variation signalisiert die Stärke des Summens den Grad der Zustimmung.

3.5 Rituale

Meldekette

Die Meldekette ist eine Methode, um sich als Lehrkraft mehr zurückzunehmen und die Verantwortung der Schüler zu stärken. Regeln, die eine Struktur vorgeben, erleichtern den Schülern die Anwendung, z. B. die Vorgabe, dass abwechselnd Mädchen und Jungen aufgerufen werden und dass niemand doppelt dran kommt.

Sprachspiele

Sprachspiele eignen sich, um Phänomene aus der Orthografie, der Zeichensetzung oder der Grammatik zu wiederholen und zu festigen. Solche Spiele können als Auflockerung im laufenden Unterricht eingesetzt werden oder als Warm-up zu Beginn einer Stunde. Weitere Ideen finden Sie im Kapitel 3.16 Sprachförderung.

Eckenraten: Jeder Schüler erhält kleine Karteikarten. Auf jeder Karte muss er eine Frage mit der entsprechenden Antwort notieren. Die Fragen sollen sich auf das aktuelle Thema beziehen.

Im Anschluss daran sammeln Sie die Karteikarten ein. In jeder Ecke des Raumes wird nun ein Schüler postiert. Sie ziehen eine Karte, stellen die Frage und wer zuerst die Antwort geben kann, darf eine Ecke weiter gehen. Der Schüler, der zuerst die Runde beendet hat, hat gewonnen. Es können auf diese Weise Rundengewinner ermittelt werden, die am Schluss noch einmal gegeneinander antreten, um den Klassengewinner zu finden. Die zuhörenden Schüler sind Schiedsrichter.

Kegeln: Die Klasse wird in zwei Gruppen eingeteilt. Alle Schüler sitzen auf den Tischen. Ein Schüler der Gruppe A sucht sich einen ebenbürtigen Gegner aus der Gruppe B. Diese beiden Schüler treten gegeneinander an. Sie als Lehrkraft stellen eine Frage. Der Schüler, der zuerst die richtige Antwort gibt, bleibt oben sitzen und sein Mitspieler muss sich auf den Stuhl setzen. Der Gewinner darf sich den nächsten Gegner auswählen. Es gewinnt die Gruppe, die am Ende noch Schüler auf den Tischen sitzen hat.

Akrostichon: Die Schüler erhalten einen Begriff und schreiben die Buchstaben untereinander. Nun müssen sie thematisch passende Begriffe zu den jeweiligen Buchstaben finden. Diese Aufgabe kann in Partnerarbeit erledigt werden.

Buchstabensalat: Aus den Buchstaben eines vorgegebenen Begriffs müssen die Schüler in einer bestimmten Zeit so viele neue Begriffe bilden wie möglich. Am Ende werden die neuen Begriffe gesammelt. Auf diese Weise wird der Wortschatz erweitert.

Fremdwort der Woche: Zu Beginn jeder Woche wird das „Fremdwort der Woche" gekürt. Die Schüler notieren es in ihrem Fremdwortlexikon und suchen im Wörterbuch nach der Bedeutung. Diese wird besprochen und notiert. Zusätzlich formuliert jeder Schüler einen Beispielsatz zu diesem Begriff und schreibt ihn auf. In der laufenden Woche soll dieses Fremdwort so häufig wie möglich im aktiven Wortschatz verwendet werden, auch von Ihnen als Lehrkraft.

Diese Begriffe können im Rahmen von kleinen, mündlichen Übungseinheiten (kooperative Lernformen, Sprachspiele) trainiert werden.

Nach dem gleichen Prinzip kann auch eine Redewendung der Woche ausgewählt werden.

Diktate

Immer wieder zeigt sich, dass die Schüler verstärkt Schwierigkeiten mit der Orthografie und der Zeichensetzung haben. Hier hat sich ein Ritual bewährt: Einmal in der Woche wird routinemäßig ein Diktat geschrieben. Es muss nach der Lehrerkorrektur von den Schülern in korrigierter Form fehlerfrei abgeschrieben werden. Eine Alternative ist, dass die Schüler sich fünf Fehler heraussuchen und diese mit Angabe der zugehörigen Regel korrigieren. Hierbei setzen sie sich mit der Sprachstruktur auseinander.

Beispiel:
der Huntebesitzer sucht seinen Hund den er nicht sieht
1   2   3   4

zu 1: Am Satzanfang wird grundsätzlich groß geschrieben.
zu 2: der Hund, die Hunde – Verlängerungsprobe
zu 3: Der Relativsatz wird durch ein Komma vom Hauptsatz getrennt.
zu 4: Am Ende eines Aussagesatzes steht ein Punkt.

3.6 Lernen an Stationen

Im inklusiven Unterricht hat sich die Arbeitsform an Stationen bewährt. Die Schüler erhalten eine Liste mit Aufgaben, die sie in einer bestimmten Zeit (meist innerhalb einer Doppelstunde) an **verschiedenen Lernstationen** bearbeiten sollen. Die Reihenfolge der Bearbeitung bleibt den Schülern überlassen.

Die Schüler erhalten einen **Laufzettel**, auf dem die Pflicht- und Wahlaufgaben notiert sind. Die Stationen sind so gestaltet, dass sie möglichst viele verschiedene Lerntypen und Leistungsniveaus ansprechen. Vielseitiges Material macht die Stationen interessant, z.B. Bilder, Gegenstände, Apparate für Hörstationen, etwas zum Ausprobieren etc.

Durch die Differenzierung der einzelnen Aufgaben und die Möglichkeit zur Wahl kann der einzelne Schüler auf seinem Leistungsniveau und in seinem Arbeitstempo selbstständig arbeiten.

Auf dem Laufzettel wird nach Bearbeitung die entsprechende Aufgabe abgehakt. Die Arbeitsform kann je nach Klasse unterschiedlich frei gestaltet werden. Es hat sich gezeigt, dass sich die Schüler langsam an das freie Arbeiten gewöhnen müssen. Nach Erledigung erhalten die Schüler eine Rückmeldung über ihre Leistungen.

Gerade für leistungsschwächere Schüler sind kleine Übungseinheiten vorab wichtig, bevor sie in die eigentliche Stationsarbeit einsteigen. Wenn z.B. die Arbeit mit dem Wörterbuch im Mittelpunkt steht, kann die Stunde mit einem kleinen Warm-up begonnen werden, in dem der Lerninhalt noch einmal trainiert wird. Dies hilft dabei, im Thema anzukommen.

Beispiele (in Partner- oder Gruppenarbeit):

- Schüler ziehen Karten mit einem Buchstaben und stellen sich in alphabetischer Reihenfolge auf.
- Die Klasse sagt das Alphabet auf; auf Zuruf ist immer ein anderer Schüler dran.
- Von einem Stapel werden zwei Wortkarten gezogen. Welches Wort kommt zuerst im Alphabet?
- Die Wörter eines langen Satzes, der an der Tafel steht, werden nach dem Alphabet sortiert: *Seit unser lieber Opa abends keine fetten Nüsse mehr isst, kann er viel besser durchschlafen.*

- Wer Mühe mit dem Alphabet hat, kann einen Buchstaben besonders schön auf einem DIN-A4-Blatt gestalten; wenn alle Buchstaben beisammen sind, werden sie zu einem Buchstabenheft zusammengefügt.

3.7 Lerntheke und Freiarbeit

Lerntheke und/oder Freiarbeit unterstützen die selbstständige und eigenverantwortliche Arbeit der Schüler. In heterogenen Lerngruppen können die einzelnen Schüler in Ruhe nebeneinander arbeiten, ohne das Gefühl von Ausgrenzung zu erleben. Die Angebote können Sie individuell an die Fähigkeiten der Schüler anpassen. Auf diese Weise arbeiten die Schüler in ihrem **individuellen Arbeitstempo**. Ohne Zeitdruck können sich die Fähigkeiten entfalten und es wächst die Motivation, sich Herausforderungen zu stellen.

Das Angebot der Aufgaben kann so aufgearbeitet werden, dass unterschiedliche Interessen berücksichtig werden und verschiedene Arbeitsformen zum Einsatz kommen. Für die Schüler stellt es eine Abwechslung und Motivation dar, Aufgaben in Einzel-, Partner- oder Gruppenarbeit zu erledigen. Hier werden gleichzeitig die sozialen Kompetenzen trainiert und gefestigt.

Soweit die räumlichen Möglichkeiten gegeben sind, können die Schüler eigenverantwortlich einen Arbeitsplatz ihrer Wahl nutzen. Dies kann der Klassenraum, der Flur oder ein Platz in der Schülerbibliothek sein. Die Schüler äußern nach einer Weile sehr genau, an welchem Platz sie in Ruhe und konzentriert arbeiten können. Der individualisierte Arbeitsplatz ist eine wichtige Voraussetzung für ein erfolgreiches Lernen.

Lerntheke

Im Rahmen einer Lerntheke werden den Schülern diverse Lernangebote gemacht, deren Bearbeitung sie selbstständig organisieren und planen können. An einem festen Platz im Klassenraum werden die Angebote aufgebaut; zu vorgegebenen Zeiten haben die Schüler die Möglichkeit, sich hier zu bedienen. Eine ansprechende Gestaltung der Ecke motiviert die Schüler zur Arbeit. Die Schüler lernen im Rahmen der Lerntheke, ihren Lernprozess selbstständig zu dokumentieren und zu reflektieren. Sie müssen Verantwortung für sich und ihre Lernentwicklung übernehmen.

Schüler, die Schwierigkeiten haben, sich selber zu organisieren, brauchen Hilfe. Dies kann durch die Vorgabe von **Pflicht- und Wahlaufgaben** geschehen. Diese Einschränkungen können mit steigender Sicherheit der Schüler gelockert werden.

> **Tipp:** Es ist sinnvoll, der Methode der Lerntheke die Methode der Freiarbeit voranzustellen, um die Schüler schrittweise an das selbstständige Arbeiten heranzuführen.

Freiarbeit

Die Freiarbeit wird durch einen **Arbeitsplan** strukturiert, den die Schüler zu Beginn dieser Phase erhalten. Darin sind Pflicht- und Wahlaufgaben auf unterschiedlichen Anforderungsniveaus aufgelistet. Der Termin der Abgabe bzw. vollständigen Erledigung der Aufgaben ist festgelegt. In dem zur Verfügung stehenden Zeitraum müssen die Schüler sich selbst organisieren. Einleitende, frontale Arbeitsphasen können dabei helfen, dass sich die Schüler auf die anstehenden Aufgaben des Arbeitsplans innerlich einstellen. Zusätzlich dienen diese kurzen Phasen dazu, den Schülern eine Struktur und Orientierung zu geben.

Schüler mit sonderpädagogischem Förderbedarf können durch die Pädagogen in der Klasse, die die Rolle von **Lernberatern** einnehmen, individuell unterstützt und begleitet werden. Durch die flexible Begleitung und Unterstützung fallen die unterschiedlichen Leistungsniveaus nicht so stark auf. Die Arbeitspläne sollten sich in der äußeren Form nicht unterscheiden, damit kein Schüler das Gefühl bekommt, eine Sonderrolle einzunehmen.

3.8 Projekte

Projekte beleben den Unterricht mit vielschichtigen und **handlungsorientierten Aufgabenstellungen**. Ein Thema wird aus anderen Blickwinkeln betrachtet und sowohl in Teilaspekten als auch im gesellschaftspolitischen Zusammenhang untersucht. Den Schülern öffnen sich neue Wege zum Verständnis des Themas. Projekte können Sie thematisch auf den Deutschunterricht begrenzen oder fächerübergreifend gestalten, indem Sie mit Kollegen kooperieren.

Die Schulbuchverlage bieten Projektmappen zu bestimmten Themen an, einschließlich Planungsstruktur und Arbeitsmaterialien. Im Hinblick auf die Besonderheiten der eigenen Lerngruppe ist es oft sinnvoll, wenn Sie einzelne Aufgaben umgestalten oder weitere hinzufügen. In der Regel werden Projekte von den Fachlehrkräften selbst entwickelt, da so Thema, Umfang und Aufgabengestaltung den jeweiligen pädagogischen und organisatorischen Rahmenbedingungen angepasst werden können. Im Deutschunterricht werden Projekte häufig zu einer Lektüre, zur Lyrik und zu gesellschaftspolitischen Texten durchgeführt.

In vielen Schulen sind feste Projektzeiten, die für alle Klassen gelten, im Jahresplan vorgesehen. Sie umfassen meist eine Schulwoche, um genügend Spielraum für aufwändige Aufgaben oder außerschulische Aktivitäten zu haben. In den Deutschstunden vor der Projektwoche können Sie bereits mit der Einführung in das Thema beginnen, in den Stunden danach lassen Sie noch Aufgaben fertigstellen oder überarbeiten.

Steht eine Lektüre im Zentrum des Projektes, sollten die Schüler das Buch vorher gelesen haben. Dies kann gemeinsam im Unterricht geschehen, zu Hause oder während der Ferien. Arbeitsgruppen werden heterogen zusammengestellt, in Ausnahmefällen auch nur mit zwei Mitgliedern. Immer wieder kommt es vor, dass einzelne Schüler aus vielerlei Gründen die Zusammenarbeit mit anderen scheuen. Lassen sie sich nicht davon überzeugen, einer Gruppe beizutreten, wird ihnen eine Spezialaufgabe zugewiesen. Erheben Sie einen solchen Solisten, wie es *Christian* manchmal ist, dann zum Material- oder Ordnungsmanager mit definiertem Aufgabengebiet. Das kann sich entspannend auf ihn auswirken und neue Anstrengungsbereitschaft wecken.

Arbeitsaufträge

Die Arbeitsaufträge orientieren sich an den curricularen Zielen des Faches Deutsch. Formulieren Sie diese auf unterschiedlichen Anforderungsniveaus und lassen Sie **verschiedene Wege der Bearbeitung** zu. Es sollten möglichst alle Sinne angesprochen werden. Die Aufgaben sind zu lösen durch Diskutieren, Zeichnen, Schreiben, Lesen, Hören, Forschen und durch handwerkliche Tätigkeiten. Besuche in Theater oder Museum können ebenso wie Besichtigungen, z.B. von historischen Stätten, selbstständig von Arbeitsgruppen durchgeführt werden.

Bei den Planungen müssen Sie überlegen, ob Schüler wie *Kemal* und *Emma* ohne zusätzliche Aufsicht durch Erwachsene die Unterrichtsgänge in einer Schülergruppe mitmachen können. Zeigen sie noch Unsicherheiten in der Nutzung öffentlicher Verkehrsmittel oder halten sie sich nicht zuverlässig an die vereinbarten Regeln, muss eine Pädagogin die Gruppe begleiten.

Die Arbeitsaufgaben können Sie zur freien Auswahl stellen, den Arbeitsgruppen zuweisen oder für alle zur Pflicht machen. Im Prinzip sind alle Aufgaben für jeden Schüler offen, Differenzierungen ergeben sich in Quantität und Qualität der Ergebnisse.

Es kann durchaus Sinn machen, wenn Sie zusätzlich besondere Aufgaben einfügen, die sich an *Kemal* und *Emma* richten, deren Ergebnisse aber auch für andere relevant sind. Sie schaffen damit Situationen, in denen beide von den Mitschülern als ernstzunehmende Partner wahrgenommen und wertgeschätzt werden.

Dazu zwei **Beispiele** aus eigener Praxis.

Kemal ist ein phantasievoller und begabter Zeichner. Im Rahmen unseres Projektes zur Lektüre von *Louis Sacher, Löcher* war es seine Aufgabe, anderen für die Gestaltung ihrer Ergebnismappen Tipps zu geben. Oft setzte er als künstlerischer Berater seine Ideen zur Freude seiner „Kunden" gleich selbst in die Praxis um.

Emma ist eine geschickte Handynutzerin. Sie wurde Datenschutzbeauftragte und bekam als einzige eine Liste mit den Handynummern der Mitschüler sowie mit deren Decknamen als Camp-Insassen. Die Insassen sollten einander SMS schicken, ohne zu wissen, welche reale Person sich hinter dem Decknamen verbarg. Die SMS gingen erst an Emma, die nebenbei die Einhaltung der vereinbarten Zeichenanzahl kontrollierte und die Nachrichten dann an die jeweiligen Empfänger weiterleitete.

Es ist im Sinne der inklusiven Arbeit, wenn Sie den unterrichtlichen Alltag so oft wie möglich projektorientiert gestalten, auch wenn es nicht zu jedem Thema und für alle Schüler gleichzeitig machbar ist. Die Idee der Projektorientierung verstehen wir weitgefasst als über

- das Schreiben und Lesen hinausgehende,
- das Kernthema ergänzende,
- anschauliche und handlungsorientierte

Aufgabenstellungen mit entsprechenden Ergebnissen.

Mini-Projekte

In eigener Praxis haben wir zu dem Thema Sachtexte, das anhand von Lehrbuch und Arbeitsheft bearbeitet wurde, für Freiwillige ein Mini-Projekt angeboten.

Emma und *Kemal* finden sich immer unter den Freiwilligen. Projektinhalt waren exotische Zimmerpflanzen, am Beispiel einer Bromelie, die gar nicht zufällig auf dem Fensterbrett stand. Es wurden verschiedene Sachtexte zur Bromelie durchgearbeitet, die Pflanzenteile benannt, gefühlt, gerochen, gezeichnet und Vermehrungsversuche durchgeführt. Das lief parallel zum Hauptprojekt. Einige Schüler bearbeiteten dieses Mini-Projekt zusätzlich und selbstständig. Lediglich das Einpflanzen der Kindel fand unter Aufsicht der zweiten Pädagogin auf dem Schulhof statt, um Verschmutzungen durch die Blumenerde zu vermeiden. Am Ende gab es eine Präsentation über Bromelien für die gesamte Lerngruppe.

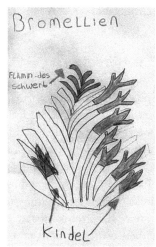

Weitere projektorientierte Ideen

Mini-Projekte sind für die Lerngruppe ein Bestandteil des gemeinsamen Unterrichts. Der Aufwand für Sie als Fachlehrerin ist gering, da nur eine begrenzte Anzahl an Schülern beteiligt ist. Sie können Mini-Projekte im Deutschunterricht stattfinden lassen oder von hier aus steuern. Die Ergebnisse werden im Rahmen kurzer Präsentationen der Lerngruppe zugänglich gemacht. Wir betrachten die Ergebnisse als zusätzliche mündliche Leistung.

Die Teilnehmer wechseln, allerdings sind *Emma*, *Kemal*, *Lisa* und *Christian* oft dabei. Sie fühlen sich von dieser anschaulichen Art des Lernens sehr angesprochen. Wir akzeptieren ihren häufigen Einsatz gern, lassen sich doch über Mini-Projekte auch Förderziele gemäß den individuellen Förderplänen verfolgen.

- **Lektüre:** Spielt ein Tier mit, können dazu zusätzliche Informationen in der Bibliothek gesucht werden.
- **Gedichte und Fabeln:** auf dem Schulgelände Material suchen und auf einem Tisch, einem Regal, einer Pappe eine passende Landschaft gestalten.

- **Bewerbungen:** Freiwillige mit Krawatte oder Jackett im Schulhaus fotografieren und die Fotostrecke auf einem Plakat ausstellen.
- **Märchen:** märchenhafte Kleidung aus ungewöhnlichem Material wie Müllsäcken basteln.
- **Anlassbezogen zum Schülerarbeitsmaterial:** die Herstellung von Büchern, Stiften, Radiergummis und anderen Utensilien erforschen.

3.9 Hörspiele

Sprechen und Zuhören sind zentrale Kompetenzen im Deutschunterricht und werden von der Grundschule an konsequent geübt. Für den inklusiven Deutschunterricht empfehlen sich besonders Hörspiele, die Schüler aller Leistungsbereiche ansprechen und motivieren.

Hörspiele laden in besonderer Weise zur **Auseinandersetzung mit Sprache** ein. In den gesprochenen bzw. gehörten Worten werden neben der rein inhaltlichen Bedeutung weitere Informationen transportiert wie Emotionen oder Gedanken der Protagonisten. Jedes einzelne Wort, jeder Satz ist wichtig und muss in Bedeutung und Zusammenhang genau betrachtet werden. Hörspiele eignen sich gleichermaßen für Sprachförderung und Hörerziehung.

Methodisch bieten sich Hörspiele zum Hören und Spielen an, dazu gehören auch die Entwicklung und Aufnahme eigener Hörspiele mit der Lerngruppe.

Hören

Meist gibt es bei einem Hörspiel mindestens zwei Sprechstimmen und einen Erzähler, der Zeiträume und gesprächsfreie Situationen in Worte fasst. Töne und Geräusche untermalen Situationen und Stimmungen und lassen sie so hörbar werden. Die Geschichte wird ausschließlich auditiv vermittelt, der visuelle Kanal fehlt. Es fällt vielen Schülern schwer, sich auf das reine Hören einzulassen und beim Zuhören eigene Vorstellungen zu entwickeln. Das hörende Mitvollziehen des scheinbar realen Geschehens und die Spannung in der Geschichte wirken sehr motivierend und ziehen die Schüler schnell in ihren Bann.

Die unterschiedlichen Stimmen von Protagonisten und Erzähler sorgen für eine abwechslungsreiche Darstellung und strukturieren das Hörspiel. Die **Konzentration** der Zuhörer wird gefördert und das Verstehen der Handlung erleichtert. Sie können das Hörspiel vollständig oder in einzelnen Szenen abspielen. Gemeinsam tragen die Schüler die Informationen zusammen über das, was sie gehört haben. Jeder Schüler kann hierzu etwas beitragen, sei es ein einzelnes Wort oder die Schilderung einer kompletten Szene.

In der mündlichen Erarbeitung lassen Sie Umschreibungen durch treffende Begriffe ersetzen, Synonyme suchen und ergänzen. Die Schüler lernen neue Wörter kennen und verfeinern Formulierungen. Beim erneuten Hören werden viele zusätzliche Details wahrgenommen, im anschließenden Unterrichtsgespräch eingebracht und besprochen. Hörerziehung und Sprachförderung gehen fließend ineinander über.

Gezielte **Höraufträge** sind hilfreich für Schüler, denen das Verständnis eines komplexen Handlungsablaufes schwerfällt. Nutzen Sie die erkennbare Struktur des Hörspiels sinnvoll, indem Sie Höraufträge formulieren, die bestimmte Personen, Situationen, Orte oder Geräusche zum Inhalt haben.

Kemal achtet auf genau eine Person, die gut an der Stimme zu erkennen ist. Das kann auch der Erzähler sein. Für *Kemal* ist es eine große Herausforderung, sich auf eine bestimmte Person zu fokussieren, aus dem Gesprochenen gezielt etwas herauszuhören und sich dann zu merken. Zur Entlastung bekommt *Kemal* ein Arbeitsblatt zum Ankreuzen von vorgefertigen Aussagen (z.B.: Der Mann ist wütend/fröhlich/ängstlich ...).

Emma erhält wegen ihrer Merkfähigkeits- und Konzentrationsschwäche ebenfalls einen gezielten Hörauftrag und ein Arbeitsblatt mit Strukturhilfe. Sie soll auf eine bestimmte Person achten und zu vorher ausgewählten Aspekten Informationen herausfinden und notieren. Auf dem Arbeitsblatt stehen Stichworte wie Alter oder Beruf. *Emma* fügt eigenständig die Zahl bzw. die Berufsbezeichnung hinzu.

Lisa arbeitet in der Hörphase zielidentisch. d.h., sie hört zu und macht sich nach eigenem Ermessen Notizen. Wenn die gehörten Informationen im Unterrichtsgespräch zusammengetragen werden, erhält sie gemäß ihrem Förderschwerpunkt *Sprache* Unterstützung bei der Formulierung ihrer Beiträge.

Christian hat Probleme damit, über einen längeren Zeitraum konzentriert zuzuhören, besonders, wenn er dabei still an seinem Platz sitzen muss. Um ihm ein anderes Körpergefühl zu ermöglichen und somit seine Konzentration zu unterstützen, darf er in der Phase des Hörens eine andere Sitzhaltung einnehmen, *Christian* wählt gern den Boden, eine gemütliche Sitzecke oder setzt sich auf einen Tisch.

Tipp: Ein Schülerstuhl mit 3D-Wippmechanik hilft *Christian* dabei, seinen Bewegungsdrang zu kanalisieren. Der Stuhl lässt Bewegungen zu, schränkt diese aber so ein, dass es für die Umgebung nicht störend wird. Wir haben nach positiven Erfahrungen mehrere Jahrgänge komplett mit diesen ergonomischen Stühlen ausgestattet, die von verschiedenen Firmen angeboten werden.

Spielen

Es fördert die kreativen Fähigkeiten der Schüler, wenn sie eine altersgerechte Szene hören und auf eigene Art nachspielen. Lassen Sie die Handlung mit eigenen Worten wiedergeben und das Kernthema herausarbeiten. Es sind vielfältige Überlegungen erforderlich: zum Schauplatz und seiner Atmosphäre, zu möglichen Hintergrundgeräuschen und wie sie produziert werden können sowie zu den handelnden Personen, ihren Absichten und Stimmungen. Die Texte für Erzähler und Sprecher müssen formuliert und festgelegt werden. Dabei kommen Satz- und Textmuster zur Anwendung, die gerade auch sprachschwachen oder zurückhaltenden Schülern Sicherheit geben.

Für die Erarbeitung bieten sich kooperative Lernformen an. Wählen Sie Methoden wie Platzdeckchen oder DAB (Denken – Austauschen – Beraten), sie eignen sich besonders, um Schüler mit geringem Wortschatz zu unterstützen und zu fördern. Mit Arbeitsaufträgen wie „Stelle dir den Handlungsort vor und beschreibe ihn." oder „Wie stellst du dir die Person X vor? Beschreibe." sprechen Sie jeden Schüler an. Lassen Sie die Schüler ihre eigenen Ideen mit denen des Arbeitspartners oder der Kleingruppe zusammentragen und in Worte fassen. Am Ende wird daraus ein gemeinsames Ergebnis formuliert.

In der Kommunikation miteinander ergänzen die Schüler Begriffe, suchen Synonyme oder klären unbekannte Wörter. Inhaltliche Arbeit und Wortschatzerweiterung laufen parallel. Hören, Sprechen und Schreiben finden mit fließenden Übergängen und in wechselseitiger Abhängigkeit statt.

Eigenes Hörspiel erarbeiten und aufnehmen

Das Entwickeln eines eigenen Hörspiels bietet Ihnen vielfältige Chancen, alle Schüler der Lerngruppe mit ihren Wünschen und Stärken einzubeziehen. Die Schüler bringen ihre eigenen Ideen ein. Rollen werden entworfen und so ausgestaltet, dass sie auf den jeweiligen Sprecher passen. Das kann vom Ein-

Wort-Satz bis zu einem längeren Monolog gehen. Wer keine Sprechrolle übernehmen möchte, den können Sie zum Regisseur, Geräuschemacher oder Souffleur machen. Ein oder mehrere Techniker sind für das Mikrofon zuständig und sorgen dafür, dass alle Sprecher verständlich aufgenommen werden.

Bei der **Aufgabenentwicklung** und **-verteilung** sind Ihrer Phantasie keine Grenzen gesetzt. In einem Hörspiel kann der Text, anders als beim Theaterspielen, abgelesen werden. Niemand muss sich sorgen, er könnte seinen Text plötzlich vergessen.

Leiten Sie die Schüler dabei an, beide Seiten zu bedenken: Sprecher und Zuhörer. Versteht der Zuhörer die Aussagen und Intentionen der Rolle? Der Sprechtext ist mit seinen Informationen und Botschaften genau zu überprüfen und gegebenenfalls umzuschreiben. Es wird viel an Wörtern und Sätzen gefeilt und dabei über Sprache, Sprechen und Kommunikation nachgedacht.

3.10 Hörbücher

Hörbücher stellen eine sinnvolle Ergänzung zur Klassenlektüre dar. Das Hören entlastet Schüler mit Leseproblemen und unterstützt bei Schwierigkeiten im Bereich **Textverständnis**. In vereinbarten Arbeitsphasen lassen Sie einzelne Schüler das Hörbuch kapitelweise abhören, um nach eigenem Lesen des Textes den Inhalt abzusichern, das eigene Lesen zu ersetzen oder um ein Kapitel vorzubereiten. Dafür brauchen Sie einen CD-Player mit Kopfhörern. Das Hören findet idealerweise in einem ruhigen Nebenraum statt. In unserer Praxis werden die Schüler oft mit Gerät, CD und Hörauftrag in die beaufsichtigte Schülerbücherei geschickt.

> **Tipp:** Das Hörbuch kann nach Bedarf so oft zurückgespult und erneut abgehört werden, bis der Schüler den Inhalt verstanden hat. Auf diese Weise wird sichergestellt, dass alle Schüler stets den gleichen Kenntnisstand haben und sich in die unterrichtliche Arbeit einbringen können.

Die Verlage bieten ein breites Sortiment an Hörbüchern an, so dass Sie mit großer Wahrscheinlichkeit zu jeder Lektüre ein passendes finden werden.

Hörbücher können nicht nur das Textverständnis, sondern auch die **Lesefähigkeit** fördern, wenn das Hören und Lesen eines Textes simultan durchgeführt werden. Steffen Gailberger von der Leuphana-Universität Lüneburg hat sich in seiner Dissertation mit dieser Form der Leseförderung beschäftigt („Leseförderung durch simultanes Lesen und Hören eines Textes"). Wir haben die Methode in eigener Praxis in mehreren Jahrgängen erfolgreich durchgeführt. Ein altersangemessenes Buch wird als Klassensatz angeschafft und mit einem passenden Hörbuch in einer transportablen Box verstaut. Da die Bücher jeweils nur in den Lesestunden an die Schüler ausgegeben und hinterher wieder eingesammelt werden, steht die Box zwischenzeitlich auch anderen Klassen zur Verfügung.

Jeder Schüler hat sein Buch vor sich. Das Verfolgen des Textes mit dem Finger oder ein Lesezeichen als Hilfe sind während des Hörens ausdrücklich erlaubt. Mit zunehmender Sicherheit verschwinden die Hilfen von allein. Die Stimme vom Hörbuch ersetzt die innere Stimme. Buchstaben, Wörter und Sätze müssen nicht im Kopf ausformuliert werden, die Schüler können sich darauf konzentrieren, die Wortbilder zu erfassen und mit den Augen dem Text zu folgen.

Die professionellen Sprecher lesen gemessen an den Fähigkeiten der Schüler ihre Texte überaus zügig vor. Anfangs sind viele Schüler von dem Tempo überfordert. Sie merken aber schnell, dass sie den Anschluss gut wiederfinden können, wenn die anderen die Buchseite umblättern. Das Buch wird im Unterricht nicht weiter thematisiert, es wird ausschließlich in der Leseförderung eingesetzt. Das weckt besonders in oberen Klassen den Ehrgeiz der Schüler, die den weiteren Verlauf der Geschichte erfahren möchten und sich auf die Lesestunden freuen. Unsere Lerngruppen haben immer mit großer Motivation mitgelesen. Wir haben deutliche Verbesserungen der Lesekompetenz aller Schüler beobachten können, und zwar sowohl in der Lesefertigkeit als auch im Textverständnis.

Shirley, Schülerin mit Förderbedarf *Geistige Entwicklung*, hat im 7. Jahrgang nach dem Lesetraining mit dem Buch „Isola" von Isabell Abedi ihre Lesekompetenz mehr als alle anderen steigern können: nämlich von einzelnen Übungssätzen hin zu langen Texten. Sie entdeckte ihre Leselust, saß fortan regelmäßig mit dicken Büchern in den Pausen und verstand tatsächlich in groben Zügen die Inhalte.

3.11 Einen Standpunkt begründen

Eine wesentliche Kompetenz des Sprachhandelns, nämlich die Fähigkeit, etwas begründen zu können, wird im schulischen Kontext von vielen Fächern gefordert. Im Deutschunterricht sind es Aufgaben wie **Textanalysen** und **Interpretationen**, in denen Aussagen und Schlussfolgerungen argumentativ belegt werden müssen. Im außerschulischen Bereich sind Anträge und Beschwerdebriefe als Beispiele zu nennen. Auch hier muss eine Position oder Forderung sachgerecht begründet werden. Einen eigenen Standpunkt bestimmen, eine Meinung äußern und eine begründete Stellungnahme dazu abgeben: Das fällt vielen Schülern schwer, da es nicht ihrem Kommunikationsstil entspricht. Es ist für sie ungewohnt, aus dem sachlichen Kontext heraus Argumente für die eigene Position zu entwickeln und mit einer Begründung zu stützen, und bedarf der Übung. Ist dieser Schritt erfolgreich bewältigt, erfolgt als nächstes der argumentative Dialog. Bei der Gegenüberstellung von Pro und Kontra müssen Argumente anderer angehört, inhaltlich betrachtet und mit treffenden Gegenargumenten widerlegt werden.

Die Problemfelder sollten Sie so auswählen, dass die Schüler einen Bezug zu ihrer eigenen Lebensrealität erkennen und vorhandene Sachkenntnisse und Erfahrungen einbringen können. Dabei kann es um einen Antrag zur Sitzordnung an den Klassenrat oder eine Diskussion über Schuluniformen gehen.

Am Anfang werden **Pro- und Kontra-Argumente** zu einem Thema gesammelt. Schriftliche Übungen sollten Sie grundsätzlich in gemeinsamen Unterrichtsgesprächen vorbereiten, um den Schreibprozess zu entlasten. Die Schüler können sich hierbei gegenseitig bereichern und anregen. Manche Schüler sind sprachliches Vorbild, andere haben kreative Ideen für neue Argumente. In schriftlicher Form ordnen die Schüler die Argumente in einer selbst zu zeichnenden Tabelle nach Pro und Kontra im Heft.

Die Ergebnisse reichen von einer einfachen Niederschrift der bereits genannten Argumente bis zu einer mit eigenen Begründungen erweiterten Darstellung. In den folgenden Übungen erarbeiten die Schüler das Für und Wider eines Themas eigenständig an vorgegebenen Texten, um den inhaltlichen Rahmen zu begrenzen.

Emma bekommt einfache kurze Texte, in denen argumentativ verwendbare Sätze unterstrichen sind. *Kemal* bekommt die gleiche Textvorlage, aber bei ihm wird in zwei unterschiedlichen Farben unterstrichen, damit er Pro und Kontra sicher unterscheiden kann. Bei Bedarf erhält auch seine Tabelle im Heft eine entsprechende Farbkennzeichnung. *Kemal* und *Emma* übertragen oft vollständige Sätze in die Tabelle, weil es ihnen schwerfällt, die Kernaussage herauszukristallisieren. Das wird akzeptiert, denn Bewertungskriterium ist hier die Wahl der richtigen Spalte, nicht die gewählte Formulierung. *Christian* kann mit einem vorbereiteten Tabellengitter unterstützt werden, damit er seine Konzentration gleich auf die inhaltliche Arbeit richten kann.

Das innere Engagement der Schüler ist größer, wenn ein reales oder fiktives Gegenüber von der eigenen Sichtweise überzeugt werden soll. Zur Übung eignet sich die **„amerikanische Debatte"**. Die Lerngruppe wird gedrittelt in Pro- und Kontra-Vertreter und die Jury. Die Untergruppen für Pro und Kontra stellen ihre Argumente auf der Grundlage vorbereiteter Materialien zusammen. Die Jury überlegt sich Beobachtungskriterien für die Debatte. Zeit- und Gesprächsregeln werden festgelegt, dann bestimmt jede Gruppe, wer aktiv an der Runde teilnimmt. Alle anderen sind Zuschauer.

Die Vertreter von Pro und Kontra tragen abwechselnd ihre Argumente vor. In der folgenden Beratungszeit plant jede Gruppe ihre Strategie für die zweite Runde, in der die Argumente der Gegenseite widerlegt werden sollen. Zum Abschluss folgt eine Feedback-Runde. Die Jury bewertet, wer gut auf seinen Vorredner einging und welche Gruppe die größte Überzeugungskraft hatte.

> **Tipp:** Hilfreich für alle sind Helferkarten mit Satzmustern wie
> - „Ich bin der Meinung, dass ... , weil ..."
> - „Meines Erachtens sollte ..., denn ..."
> - „Für mich gilt, dass ..., denn ... und daraus schließe ich ..."
> - „Ich bin der Meinung, dass ... und deshalb bin ich für/gegen ..."

Sprachschwachen Schülern geben Sie nicht mehr als drei einfache **Satzhilfen** zur Auswahl, Schülern wie *Kemal* nur eine einzige. Mit dem inhaltlich gefüllten Satzmuster auf einer Karteikarte, das notfalls abgelesen wird, kann jeder Schüler an der Debatte aktiv teilnehmen.

Das passgenaue Gegenüberstellen von Pro- und Kontra-Argumenten fällt leichter, wenn auch bei schriftlichen Aufgaben eine dialogische Struktur vorgegeben wird. Das kann ein Arbeitsblatt sein, das eine Gesprächssituation veranschaulicht, indem z.B. Sprechblasen in zwei Spalten gegenüberstehend angeordnet sind. Eine Person spricht, die andere antwortet.

Nicht alle Schüler erreichen das Ziel, eine vollständige Argumentationskette aufzubauen von „Behauptung – Argument – Stütze – Schlussfolgerung". Zur Differenzierung können Sie die Behauptung vorgeben. Darauf aufbauend können Argumente, stützende Behauptungen und Schlussfolgerungen leichter erarbeitet werden.

Bei komplexen Aufgabenstellungen wie Erörterungen und Interpretationen ergibt sich eine andere Differenzierung aus der Zielsetzung. Statt das Frauenbild in Kleists Marquise von O. zu erörtern, werden einige Schüler auf der Stufe der Beschreibung des Frauenbilds bleiben. Ihr individuelles Lernziel haben sie dennoch damit erreicht.

3.12 Lesen

Handbibliothek

Die Handbibliothek einer inklusiven Lerngruppe setzt sich idealerweise aus Nachschlagewerken wie Wörterbüchern und Lexika sowie Büchern und Zeitschriften mit vielfältigen Leseanreizen zu den aktuellen Themen des Unterrichts zusammen. Dabei sollen Titel mit verschiedenem Anforderungsniveau vorhanden sein, auch solche mit großem Bildanteil.

Wörterbücher

Wörterbücher sind unverzichtbarer Bestandteil im Deutschregal. Neben dem Nachschlagewerk zur Rechtschreibung gehören auch Synonymwörterbuch, Fremdwörterbuch und Grammatikhelfer dazu. Auch ein Buch zur Erklärung von Redewendungen sollte nicht fehlen. Im Sinne der inklusiven Arbeit stellen Sie verschiedene Angebote auf unterschiedlichem Niveau im Unterricht bereit. Vom Bildwörterbuch über ein Grundschulwörterbuch und das von der Fachkonferenz ausgewählte Schülerwörterbuch bis zu einem Standardwerk wie dem Duden reicht die Palette der Rechtschreibhelfer im Deutschregal. Auch wenn, wie an vielen Schulen üblich, alle Schüler standardmäßig mit einem eigenen Wörterbuch ausgestattet werden, ist das Vorhandensein eines oder mehrerer Exemplare davon sinnvoll.

Synonym- und Fremdwörterbücher werden von den Verlagen ebenfalls in verschiedenen Ausführungen angeboten. Als Beispiel seien hier die Grundschulwörterbücher „Sag es besser" und „Fremde Wörter: Was sie bedeuten und woher sie kommen" aus dem Duden-Verlag genannt. Die ABC-Leiste an der Außenkante der Seiten zur Orientierung, die übersichtliche Gestaltung und kurze Erklärungen sowie Beispielsätze ermöglichen auch Schülern mit schwacher Lesefähigkeit ein selbstständiges Arbeiten. Eine sinnvolle Ergänzung könnten der „Schülerduden Fremdwörterbuch" und das allgemeine Fremdwörterbuch aus dem Duden-Verlag sein.

Grammatikbücher zum Nachschlagen sind ebenfalls in großer Vielfalt und unterschiedlichen Anspruchsniveaus erhältlich. Der selbstständige Umgang auch mit einfachen Grammatikbüchern fällt Schülern mit sonderpädagogischen Förderschwerpunkten *Lernen* und *Geistige Entwicklung* oft schwer. In der eigenen Praxis erweitern wir deshalb das Angebot an Grammatikbüchern um Helferkarten.

Am Montag geht Peter in die Schule.

⇩

adverbiale Bestimmung der Zeit

Fragewort: Wann?

Antwort: am Montag

Andere Beispiele: am Freitag, montags, in den Ferien, um 12 Uhr, jeden Tag, heute, ...

Zu einzelnen Grammatikregeln findet sich auf der Karte Hilfe. Werden gerade die adverbialen Bestimmungen behandelt, kann jeweils eine pro Karte in großer Schrift, mit einem einfachen Beispielsatz und den dazugehörigen Fragewörtern auf der Karte nachgelesen werden. Zusätzlich gibt es maximal zehn weitere adverbiale Bestimmungen gleicher Art zum Bilden von Übungssätzen.

Tipp: In den meisten Schulen wird im Deutschunterricht in allen Klassen eines Jahrganges das gleiche Thema behandelt. Wenn sich die Deutschlehrkräfte und die Sonderpädagogen des Jahrganges bei der Vorbereitung von Themen und der Helferkarten abwechseln, bedeutet dies für alle eine große Entlastung.

Die kleine Nachschlagebibliothek sollte nicht nur im Deutschunterricht, sondern auch in anderen Fächern gezielt genutzt werden. Der Umgang mit den Wörterbüchern muss trainiert und ritualisiert werden, da viele Schüler das Nachschlagen aus dem Elternhaus nicht kennen, wo Nachschlagewerke oft durch das Internet ersetzt werden. Ob bei Rechtschreibunsicherheit oder einem nicht verstandenen Fremdwort: Im Klassenraum wird der Griff zum Wörterbuch bald zur Selbstverständlichkeit. Sprachförderung findet so ganz nebenbei statt.

Lexika

Lexika als Nachschlagewerke zur Allgemeinbildung oder zu bestimmten Themenbereichen haben einen hohen **Aufforderungscharakter**. Die meist farbigen Bilder wecken die Neugier, genauer hinzusehen und die dazugehörigen Informationen zu lesen. Sprachförderung und eine Erweiterung der Allgemeinbildung finden auf motivierende Weise statt und nebenbei wird der Umgang mit einem Nachschlagewerk trainiert. Die Schüler lesen nach ihrem Vermögen Wörter, Sätze oder komplette Texte. Sie lesen, ohne zu merken, dass es um das Lesen geht. Im Vordergrund steht ihr Ziel herauszufinden, wie z. B. das seltsame Tier auf einem Bild heißt.

Es empfiehlt sich, bereits den fünften Jahrgang mit einem altersgerechten Lexikon auszustatten und dieses regelmäßig in den Unterricht einzubeziehen. In den Übungsmaterialien des Deutschunterrichts finden sich häufig Begriffe, die Schülern nicht mehr geläufig sind. In einer Grammatikübung zu Adverbien geht es z. B. um Mönche, die im *Kreuzgang* eines Klosters *geruhsam wandeln*. In diesem Fall wird das Lexikon zu Rate gezogen. Auch wenn einzelne Schüler eine Erklärung für die Begriffe wissen, kann es sinnvoll sein, mit Hilfe des Lexikons die Bedeutung noch einmal in anderen Worten zu lesen oder zu ergänzen.

Eine empfehlenswerte Methode ist das **„Stichwort des Tages"** als kleines Einstiegsritual in den Unterricht. Ein Schüler stellt ein von ihm ausgewähltes Stichwort aus dem Lexikon vor. Als zusätzliche Regel kann gelten, dass das Stichwort mit einem bestimmten Buchstaben anfangen muss. Die Stichwort-Vorstellungen differenzieren sich nach den Fähigkeiten der Schüler, die Spannbreite reicht vom Ein-Satz-Vortrag bis zum flüssigen Zwei-Minuten-Referat.

Als Beispiel für ein anschauliches **Jugendlexikon** soll hier das zweibändige „Geolino Lexikon: a bis z" genannt werden, das wir in der eigenen Praxis verwenden. Es ist übersichtlich gegliedert und bietet Informationen zu einer breiten Palette von Themen. In den oberen Jahrgängen ist es gut durch ein zweites Lexikon mit höherem Niveau zu ergänzen. Für manchen Schüler mit sonderpädagogischem Förderbedarf bleibt das Geolino bis zum Ende der Schulzeit aktuell.

Die Nachschlagewerke können spontan für Wortklärungen oder für ergänzende Informationen genutzt werden. Auch andere Unterrichtsfächer können in ihre Arbeitsaufträge die Nachschlagewerke einbeziehen. So ein Arbeitsauftrag kann sich an alle Schüler richten, wenn z. B. bei dem Thema Sachtexte zu einem bestimmten Stichwort im Lexikon nachgeschlagen werden soll. Denkbar ist auch, einen Arbeitsauftrag für spezielle Schüler zu formulieren, die im Sinne des individuellen Förderplanes ihren Wortschatz erweitern oder grundsätzlich den Umgang mit einem Wörterbuch trainieren sollen und dafür das Synonymwörterbuch oder ein Lexikon nutzen müssen.

Lisa nutzt beim Schreiben regelmäßig das **Synonymwörterbuch**, um treffende Begriffe für ihre Texte zu suchen.

Leseanreize

Leseanreize können von Büchern und Zeitschriften unterschiedlicher Art ausgehen. Das können **Sachbücher** zu einem bestimmten Themenschwerpunkt, **Witzbücher** oder Bücher über Mode sein. Auch das „Guinnessbuch der Rekorde" hat hier seinen Platz.

Verschiedene Verlage bieten **Zeitschriften** für Schüler ab 8 Jahren an. Parallel dazu können Sie auch eine für Grundschüler gedachte Zeitschrift in das Deutschregal integrieren. Vom Anspruchsniveau und von der Aufmachung her richtet sich dieses Angebot vor allem an Schüler mit sonderpädagogischem Förderbedarf und noch schwach ausgeprägtem Leseverständnis.

Mit ausgewählten Exemplaren von Magazinen und Zeitschriften zu Themen wie Reisen, Modellbau oder Fußball runden Sie das Lese-Angebot im Deutschregal ab. Interessenlage und Entwicklungsstand Ihrer Schüler sind ausschlaggebend dafür, welche Zeitschriften genau im Deutschregal auslegen.

Auf die Handbibliothek dürfen Schüler zugreifen, um bei Interesse ein Buch auszuleihen oder wenn sie einen Text für das Lesetraining suchen.

> **Tipp:** Bei Klassenarbeiten dürfen unsere Schüler ein Buch mit an den Platz nehmen. Wer mit der Arbeit fertig ist, bleibt still sitzen und liest.

Klassenlektüre

Klassenlektüren sind fester Bestandteil des Deutschunterrichts. In den Lehrplänen werden verschiedene Bereiche wie **Jugendromane** oder **klassische Texte** vorgegeben, aus denen die Lektüre auszuwählen ist. Die Fachkonferenz Deutsch konkretisiert dann, welches Buch in welchem Jahrgang bearbeitet werden soll. Manchmal entscheidet die Fachlehrkraft selbst, ein bestimmtes Werk mit ihrer Lerngruppe zu lesen. Die Auswahl erfolgt unter fachdidaktischen Fragestellungen wie:

- Ist die Geschichte geeignet für die Altersgruppe?

- Lassen sich daran Textverständnis und Vorstellungsvermögen entwickeln und schulen?
- Weckt das Thema innere Betroffenheit bei den Schülern?
- Bietet es vielfältige Ansätze für interpretatorische Übungen?
- Werden zu einem Text differenzierte Fassungen oder Arbeitsmaterialien von den Verlagen angeboten? Wenn das der Fall ist, verringert dies die Arbeitsvorbereitung erheblich.

Schüler mit schwachen Lesekompetenzen werden möglichst nicht mit einem Leihbuch ausgestattet, sondern mit einem eigenen Exemplar, in dem sie Schlüsselwörter unterstreichen, farbige Markierungen vornehmen und Stichwörter an den Rand schreiben können.

Im inklusiven Unterricht bearbeiten Sie prinzipiell die gleichen Texte wie im traditionellen Deutschunterricht. Es gibt von Genre und Thema her keine ungeeigneten Werke für inklusive Lerngruppen. Klassische Texte von Kleist, Schiller und Fontane können Sie genauso mit allen Schülern lesen wie die von Max Frisch oder modernen Autoren wie Cornelia Funke. Es geht nicht darum, *was* gelesen wird, sondern um das *„Wie"*: Wie muss der Unterricht vorbereitet und organisiert werden, damit alle Schüler an dem konkreten Buch mitarbeiten und dabei ihre individuellen Lernfortschritte erzielen können?

Das Argument, dass ein Schüler mit sonderpädagogischen Förderbedarfen *Lernen* oder *Geistige Entwicklung* klassische Lektüren nicht zu kennen braucht, lassen wir nicht gelten. Diese Sichtweise wird damit begründet, dass diese Schüler in ihrem späteren Leben nichts mit Lektüre zu tun hätten und besser alltagsbezogene, praktische Fähigkeiten bräuchten. Die Vermutung, dass die Schüler sich an der literarischen Arbeit nicht beteiligen könnten, der Text sich ihnen in Inhalt und sprachlicher Gestaltung nicht erschließen würde, führt oft zu der Suche nach einer Ersatzaufgabe.

Das ist gar nicht nötig! Anspruchsvolle literarische Textarbeit kann mancher Schüler tatsächlich eher nicht leisten, muss er aber auch nicht. Hier gilt wieder die Kernfrage der inklusiven Arbeit: Was und wie kann der Schüler an dem Thema lernen? Welche Unterstützung braucht er dabei? An einem Beispiel aus eigener Praxis wollen wir dies veranschaulichen.

Beispiel: Heinrich von Kleist, Die Marquise von O.

Der Text eignet sich für die 9. und 10. Jahrgänge. Ausgewählt haben wir die Erzählung in einer für die Schule bearbeiteten Fassung aus der Reihe „... einfach klassisch" aus dem Cornelsen Verlag. Viele **Illustrationen** veranschaulichen die Handlung. In blau unterlegten Kästchen finden sich **Erklärungen** zu wesentlichen Begriffen und am Ende eines jeden Kapitels stehen **Fragen**, die durch das Zitieren bestimmter Textzeilen beantwortet werden können. Jeder Schüler erhält ein eigenes Exemplar zum Verbleib, so dass in die Bücher hineingeschrieben werden kann.

Ergänzend stellen wir eine **Bücherkiste** aus der Leihbibliothek bereit. Darin findet sich ein breites Angebot verschiedener Bücher zu passenden Themen wie Italien, Mode des 18. Jahrhunderts, Darstellungen von Kutschen u.v.m. Die Verfilmung liegt als DVD vor. Gearbeitet wird in ein Schreibheft, das ausschließlich dafür genutzt wird.

Einfache Lernziele sind für alle Schüler der Lerngruppe erreichbar:

- die Handlung verstehen,
- handelnde Personen und ihre Beziehung zueinander kennen,
- Ort und Zeitepoche einordnen.

Schlüsselwörter und passende Textstellen werden im Buch unterstrichen, graphische Darstellungen wie Mindmaps oder Tabellen an der Tafel entwickelt, Merksätze angeschrieben und alles in das Schreibheft übertragen, wobei *Kemal* und *Emma* Unterstützung durch die zweite Lehrkraft oder Mitschüler erhalten.

Personenbeschreibungen werden in Partner- oder Gruppenarbeit erarbeitet. Die zu einer bestimmten Person gehörigen Informationen unterstreichen wir bei *Kemal* in einheitlicher Farbe. *Emma* hingegen bekommt eine Liste der Zeilennummern, in denen sie die Informationen findet. Beide können die jeweiligen Textstellen in ihr Heft abschreiben und so eine einfache Personenbeschreibung zusammenstellen, wenn es mit einer eigenen Textproduktion nicht klappt.

Die Fragen am Ende der Kapitel gelten für alle Schüler. *Emma* und *Kemal* arbeiten beide auf die gleiche Weise. Bei *Emma* schreiben wir neben die Fragen die Zeilennummern, die zur Antwort führen. Bei *Kemal* unterstreichen wir Frage und Lösungsbegriffe im Text in der gleichen Farbe. Möglich sind auch Arbeitsblätter mit unvollständigen Lösungssätzen, die mit Hilfe des Buches gefüllt werden müssen.

Emotionen und Handlungsmotivationen der Akteure sowie die wechselseitigen Bedingungsfaktoren zu erkennen ist Lernziel für alle Schüler. *Kemal* und *Emma* bearbeiten diese Aufgabe exemplarisch an einer Person, z. B. der Marquise von O. An ausgewählten Szenen können sie Gefühle und daraus resultierende Handlungen herausfinden und dazu eine Seite in ihrem Heft gestalten. Auch hier wird *Emma* durch eine Liste hilfreicher Textzeilen unterstützt, damit sie gezielt arbeiten kann. *Kemal* bekommt ein Arbeitsblatt mit einer Zusammenstellung aussagekräftiger Textzitate, alternativ oder zusätzlich kann sein Text wieder durch eine farbige Kennzeichnung zusammengehöriger Stellen entlastet werden. Hilfreich für beide Schüler ist auch eine kleine Sammlung von Adjektiven, die eine Beschreibung der zu entdeckenden Gefühle erleichtern.

In der vertiefenden Textarbeit bleiben *Emma* und *Kemal* oft auf der reproduzierenden Ebene. Soweit wie möglich nehmen sie nach ihrem Vermögen an den Unterrichtsgesprächen und mit vereinfachten Aufgabenstellungen an der schriftlichen Arbeit teil. Sie erhalten Informationen und geben diese wieder. Sie können die Informationen auch erweitern, verändern oder Parallelen in ihrer Lebenswelt dazu suchen. Sie können abschreiben, ihre Meinung zu den Ereignissen und Fakten äußern und zu einzelnen Situationen entsprechende eigene Erlebnisse ergänzen. Eine Verknüpfung mit eigenen Erfahrungen hilft, sich in die Situationen einzufühlen. Eine Anzeige z. B. kennen sie aus der Zeitung. Anzeigen werden von vielen Menschen gelesen, die möglicherweise darüber mit anderen sprechen. Auf dieser Wissensgrundlage können sie einordnen, dass die Anzeige der Marquise von O. von vielen Menschen gelesen wird, also auch viele Menschen von der peinlichen Schwangerschaft erfahren. *Emma* und *Kemal* können zu Themen ihres Alltags eigene Anzeigen entwerfen. Die Lerngruppe erarbeitet, warum Kleist Namen von Personen und Orten abkürzt. *Kemal* schreibt die Klassenliste entsprechend um: Jan R. *Emma* sucht in vorbereiteten Zeitungsausschnitten Namen und Ortsangaben, die ebenfalls abgekürzt wurden.

Bei der gesamten Lektürearbeit arbeiten Schüler mit sonderpädagogischen Förderbedarfen mit. Sie sind motiviert dabei und übertragen aus eigenem Antrieb gern alle erarbeiteten Produkte wie Texte und Schaubilder in ihr Heft, auch wenn sie die Inhalte nicht vollständig oder im Ausnahmefall gar nicht verstehen. Darin unterscheiden sie sich nicht von anderen Mitschülern ihrer Lerngruppe. Auch beim Abschreiben nimmt der Verstand die Inhalte auf und lernt.

Wir wissen nur nicht, welche der vielen Informationen von Schülern wie *Emma* und *Kemal* dabei gerade gespeichert werden.

Individuelle Lernziele von *Emma* und *Kemal* sind:
- Strukturen einhalten (auf jeder Heftseite Überschrift, Aufgabennummer und Seitenzahl),
- Lesefertigkeit festigen (Text laut und leise lesen),
- Wortschatz erweitern (individuelle Aufgaben wie Wortfeld Adjektive),
- mit Wörterbuch und Lexikon umgehen (unbekannte Wörter klären und in das Heft schreiben),
- Handlungsmotivationen der Protagonisten erkennen und in einfachen Sätzen darstellen,
- Vergleiche zur eigenen Lebenswelt ziehen,
- ein inneres Bild der Zeitepoche entwickeln (historische Mode, Kochrezepte, Bauwerke, Kutschen erforschen) und kommunizieren (Plakat erstellen und präsentieren oder passenden Text schreiben und vorlesen).

Beachten Sie zu diesem Thema auch die Kopiervorlage auf den Seiten 135 bis 138 zu Schiller, Die Räuber.

Lesungen

Tun Sie sich mit Kollegen zusammen und organisieren Sie eine Lesung in der Schule. Viele Jugendbuchautoren können über ihre Verlage angesprochen und gebucht werden; manche Schauspieler lesen aus klassischen oder zeitgenössischen Werken vor. Im Internet finden Sie hilfreiche Tipps und Adressen wie die vom Friedrich-Bödecker-Kreis (Stichwort: Lesung Schule).

Bereiten Sie sich mit der Klasse darauf vor, indem Sie z. B. gemeinsam Fragen an den Autor zusammenstellen, die sich auf das Werk oder das Bücherschreiben beziehen. Fragen Sie den Autor, wie er die Lesung gestalten wird. Vielleicht können Sie mit Ihren Schülern eine Szene vorspielen oder Sie stellen vorab eine oder mehrere Fragen, auf deren Beantwortung die Zuhörer achten sollen.

Eine Autorenlesung stellt am Ende der Arbeit mit einer Lektüre einen ganz besonderen Abschluss dar. Den Autor sehen und ihm beim Lesen seines Textes zuhören, macht das Buch auf eine neue Art erlebbar. Persönliche Informationen wie „den Namen der Heldin hat meine Tochter ausgesucht" oder „da habe ich meinen eigenen Hund beschrieben" interessieren die Schüler und wecken die Phantasie.

Tipp: Ein ganz besonderes Abenteuer für die Schüler ist eine Lesenacht. Übernachten Sie mit Ihren Schülern in Klassenraum, Turnhalle oder anderen geeigneten Räumen und machen dabei das (Vor-)Lesen zum Thema. Lesen Sie den Schülern vor und die Schüler lesen mit oder hören zu, oder die Schüler lesen sich gegenseitig vor. Dabei kuscheln sich alle gemütlich in ihre Decken.

3.13 Rechtschreib- und Grammatiktraining

In den Bereichen Rechtschreibung und Grammatik wird Sprache betrachtet und untersucht, es werden Regeln erarbeitet und ihre Anwendung geübt. Schritt für Schritt erweitern die Schüler ihre **sprachlichen Kompetenzen** in Wort und Schrift. Es ist ein bewusstes Nachdenken über Sprache, ihre Struktur und ihren Gebrauch, das als Sprachförderung für alle Schüler zu verstehen ist. Die einen erwerben grundlegende Kenntnisse, andere vertiefen vorhandene Fähigkeiten.

Die inhaltliche Planung und Organisation des Unterrichts in der heterogenen Lerngruppe berücksichtigt dies mit Differenzierungen bei Lernzielen, Materialangebot und Zeitrahmen. Die konkrete Stundenplanung wird von den methodischen Prinzipien Klarheit, Visualisierung und exemplarische Auswahl geleitet.

Klarheit

Regeln für Grammatik und Rechtschreibung sowie diesbezügliche Beispiele schreiben Sie in gut lesbarer Schrift an die Tafel oder ein entsprechendes Medium. Das ist an sich eine Selbstverständlichkeit, gerät aber im laufenden Unterrichtsgeschehen manchmal aus dem Blick. Gerade bei neuen Regeln und **Merksätzen**, die sich gleichzeitig erschließen und einprägen sollen, ist es wichtig, das Erlesen durch eine **formklare Schrift** zu unterstützen.

Schüler mit schwacher Lesekompetenz haben oft Schwierigkeiten mit ausgeschriebenen Erwachsenenhandschriften. Sie konzentrieren sich darauf, Buchstaben und Wörter zu erkennen, und finden nur schwer zu einem inhaltlichen Verständnis. Eine mögliche Lösung könnte sein, Regeln und Merksätze oder Übungswörter prinzipiell in Druckschrift zu schreiben.

Formklare Buchstaben, Wörter und Sätze können zudem von allen Schülern eigenständig abgeschrieben werden, keiner ist auf Unterstützung durch eine Doppelbesetzung angewiesen. Übungswörter und neue Regeln sollten nebst Beispielen optisch gut abgehoben von anderen Texten, im Idealfall sogar als einziger Anschrieb an der Tafel zu sehen ist.

Visualisierungen

Optische Unterstützungen wie Farben, Rahmen oder Unterstreichungen heben bestimmte Phänomene hervor oder verdeutlichen Strukturen. Sie bieten eine Orientierung in Übungsphasen und tragen zur kognitiven Entlastung bei. Die bekannten Visualisierungen können auch als Hilfsstruktur in Übungsaufgaben eingesetzt werden, um auf einfachstem Niveau Schülern ein weitestgehend selbstständiges Arbeiten zu ermöglichen.

Exemplarische Auswahl

Die Komplexität eines Themas überfordert manchen Schüler in der Übungssituation. Wählen Sie für die Übungen einige Rechtschreibphänomene oder Grammatikregeln aus. Im inklusiven Unterricht ist dies im Sinne des individualisierten Lernens eine angemessene Differenzierung. Eine exemplarische Auswahl kann sich auch auf ein einzelnes Rechtschreibproblem wie die Großschreibung von Nomen oder einen grammatikalischen Teilbereich begrenzen, z. B. nur eine Art der adverbialen Bestimmung wie die Zeit.

Organisation des Rechtschreibtrainings

In der Sekundarstufe geht es um Weiterentwicklung und Festigung orthografischer Kompetenzen. Rechtschreibphänomene werden untersucht, Regeln wiederholt und alles bis zu den Schulabschlussprüfungen in kleinen Einheiten mehrfach geübt. Im Rahmen dieses Rechtschreibtrainings sind auch Schüler mit intensiven Rechtschreibproblemen oder solche mit nur rudimentär vorhandenen Kenntnissen auf diesem Gebiet angemessen zu fördern. Um diesen überaus unterschiedlichen Lernbedarfen zu begegnen, bieten sich persönliche Übungstrainer sowie freies Arbeiten und Lernstationen mit individualisierten Checklisten an.

Die Erarbeitung neuer Grammatikregeln oder orthografischer Strukturen findet im gemeinsamen Unterricht mit der gesamten Lerngruppe statt, während für die schriftlichen Übungen ein fester Zeitpunkt definiert wird. Eine der

Deutschstunden erklären Sie für einen bestimmten Zeitraum zur Übungsstunde, wobei Rechtschreib- und Grammatiktraining parallel stattfinden können.

Nach einer **gemeinsamen Arbeitsphase**, in der grammatikalische und orthografische Probleme wiederholt oder geklärt werden, gehen die Schüler in die **individuelle Arbeit**. Unabhängig davon, welche Methode gewählt wird, erlaubt Ihnen das eigenständige Arbeiten, einzelne Schüler intensiv zu unterstützen.

Persönliche Übungstrainer sind geheftete oder mit Ringbindung gebundene Aufgabensammlungen für die Einzelarbeit. Darin enthalten sind Übungsaufgaben, die in Menge und Anforderungsniveau entsprechend dem Leistungsstand der einzelnen Schüler individuell zusammengestellt sind. Grammatik und Rechtschreibung können in einem Trainer oder in zwei getrennten Trainern geordnet werden. Die zweite Variante erleichtert besonders den leistungsschwächeren Schülern zu erkennen, welchen Bereich sie gerade üben. Fachlehrkraft und Doppelbesetzung unterstützen die Schüler bei Bedarf. Die Vorbereitung der Übungsmaterialien bringt einen gewissen Arbeitsaufwand mit sich, erlaubt aber in den Stunden eine individuelle und konzentrierte Unterstützung der Schüler.

> **Tipp:** Wir geben die Übungstrainer auch als sinnvolles Übungsmaterial bei Lehrerausfall oder für spontane Vertretungsstunden frei.

Arbeitsmaterial

Alternativ zu den durch die Pädagogen erstellten Übungstrainern können Übungshefte eingesetzt werden, die es im Handel gibt. Differenzierungen werden erreicht durch den Kauf einer breiten Palette von Arbeitsheften mit gleicher Themenstellung, z. B. von verschiedenen Verlagen oder an unterschiedliche Jahrgänge adressiert. Die fachlichen Anforderungen differieren auch bei gleichen Themen sehr, was wir uns arbeitssparend zunutze machen. Jeder Schüler erhält sein **eigenes Arbeitsheft mit dem passenden Anforderungsniveau**. Wir informieren die Schüler offen über unseren Entscheidungsprozess zur jeweiligen Heftauswahl. Nach unseren Erfahrungen sind die Schüler dann gern bereit, Material aus den unteren Klassenstufen zu akzeptieren.

Ein empfehlenswertes Beispiel für Arbeitshefte, die sich gut in differenzierender Form einsetzen lassen, ist die Reihe „Gezielt fördern" aus dem Cornelsen Verlag. Es gibt für die Doppeljahrgänge 5/6, 7/8 und 9/10 je ein Heft zu Rechtschreibung, Grammatik und Lesetraining. Die Themen überschneiden sich, wobei das Anforderungsniveau mit dem Jahrgang steigt. Es gibt Tests zur Selbstüberprüfung und Lösungen anbei. Die Seiten sind übersichtlich strukturiert, die Übungen kleinschrittig aufgebaut. Auch *Kemal* in Klassenstufe 9 bearbeitet mit nur wenig Unterstützung viele Übungen im Heft zu Jahrgang 5/6.

Freies Arbeiten erfordert ein vielfältiges Materialangebot. Aufgaben aus dem Deutschlehrwerk und dem dazugehörigen Schülerarbeitsheft, Übungsblätter, Lernspiele, Fördermaterialien, Karteien mit Rechtschreib- und Grammatikaufgaben können eine bunte Mischung bilden. Dazu können Sie eine Lerntheke aufbauen. Bei der Auswahl ist zu berücksichtigen, dass Angebote für alle Niveaustufen vorhanden sind und sich Aufgaben finden, die für Einzel-, Partner- und Grup-  penarbeit geeignet sind. Die Schüler entscheiden frei, welche der Angebote sie wählen. Eine gewisse Steuerung kann mit personalisierten **Minimax-Aufträgen** erreicht werden. Sind 20 Arbeitsangebote da, wird für jeden Schüler ein Minimax-Auftrag geschrieben. Ihm wird eine minimale Anzahl an Pflichtaufgaben und eine maximale Anzahl an freiwilligen Aufgaben vorgegeben. In Einzelfällen können die zu erledigenden Aufgaben definiert werden („Arbeite mit der Dreifachkonsonantenkiste.").

Ein leistungsstarker Schüler bekommt eine ihm angemessene Anzahl an Pflichtaufgaben zugewiesen und hat maximal die restlichen Aufgaben zur freiwilligen Erledigung. Unserem Schüler *Kemal* werden minimal fünf Pflichtaufgaben und maximal sechs freiwillige Aufgaben eingetragen. Zumutbar wären acht freiwillige Übungen; das bewusst klein gehaltene Arbeitspaket öffnet *Kemal* jedoch eine Chance, die für ihn formulierten Erwartungen zu übertreffen und sich ein großes Lob abzuholen.

In den oberen Jahrgängen weisen vereinzelt Schüler trotz intensiver Förderung noch gravierende Rechtschreibprobleme auf. Ein spezielles Angebot in den Freiarbeitsmaterialien richtet sich an diese Schüler, auch wenn es allen zur Verfügung steht. Konnten die Rechtschreibleistungen trotz unterschiedlicher Fördermethoden nicht erweitert werden, lohnt sich ein **morphemorientierter** Förderkurs. In eigener Praxis haben wir uns für „Die Morphembaustelle" von Klaus Kleinmann entschieden. Wir haben die Materialien so aufbereitet, dass sie laminiert in kleine Kästen sortiert in einer größeren Box zusammenstehen. Mit der Morphemvorlage und den unterschiedlichen Aufgabenkarten können einzeln oder in Partnerarbeit viele Übungen durchgeführt werden. Das ist nur ein Teil des Originallehrgangs, wird aber von allen Schülern gern angenommen. Sie bauen Wörter, entdecken Ähnlichkeiten und Unterschiede und entwickeln einen neuen Blick auf die Orthografie und Sprache.

Lernen an Stationen

Lernstationen werden aus unterschiedlichen Übungsmaterialien gebildet. Ähnlich wie in der Freiarbeit können Lernspiele, Aufgaben aus dem Lehrbuch, handlungsorientierte Übungen wie das Puzzeln von Sätzen oder Texten, Wörterbucharbeit und vieles mehr ausgewählt werden. Auch hier ist auf unterschiedliche Anforderungsniveaus zu achten. Wir arbeiten gern mit **Tischstationen**, das heißt, auf jedem Gruppentisch steht eine Station. Diese Anzahl kann mit wenig Aufwand am Stundenbeginn aufgebaut und am Ende wieder abgeräumt werden.

Ordnen sich die Lehrkräfte in der Klasse bestimmten Stationen zu, bieten sich hier kommunikative Übungen an:

- Aus einer Wörterliste sollen nur die Wörter im Präsens vorgelesen werden.
- Ein Brief ist mündlich in eine andere Zeitform zu übersetzen.
- Von der Pädagogin gesprochene Sätze sind nachzusprechen.
- Die Pädagogin liest ein Textstück vor, dessen Zeitform erkannt werden soll.

Die Liste ist beliebig fortzusetzen mit weiteren Übungen, die Hören und Sprechen erfordern. Jede Station wird von zwei Experten betreut. Das sind Schüler, die vorher von der Fachlehrkraft auf ihre spezielle Aufgabe vorbereitet wurden. Sie unterstützen Mitschüler bei der Arbeit an der Station und kontrollieren die Arbeitsergebnisse. Für den Fall des Falles steht ihnen ein Lösungsblatt zur Verfügung.

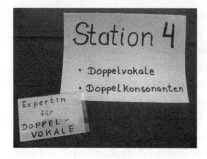

Mit Begeisterung übernehmen *Kemal* und *Emma* die **Expertenrollen**. Sie werden gut auf die Aufgaben vorbereitet und in der Ausübung ihres Amtes bei Bedarf von den Pädagogen unterstützt. Die Mitschüler erleben, dass beide in bestimmten Bereichen ein Wissen aufweisen, dass die anderen nicht haben. *Emma* und *Kemal* sind jetzt selbst die Hilfegebenden. Sie erfahren dafür Wertschätzung und Anerkennung, was deutlich zur Steigerung ihres Selbstbewusstseins beiträgt.

Grammatik (Wortarten und Satzglieder)

Satzbeispiele zur Erklärung neuer Grammatikregeln werden mit unterstützenden Visualisierungen angeboten, die sich auch bei den weiteren Übungen wiederfinden. In Bezug auf die Arbeit am Satz hat es sich bewährt, jeder Wortart eine **Farbe als Kennzeichen** zuzuordnen. Für die Nomen kann das Grün, für das Verb Rot und für die Adjektive Blau sein. Das lässt sich für andere Wortarten erweitern.

Die Entscheidung für eine bestimmte Farbzuordnung können Sie nach eigenem Ermessen fällen. Eselsbrücken können als Assoziation die Farbauswahl unterstützen: „Viel oder etwas Anstrengendes *tun* macht ein *rotes* Gesicht." Die einmal gewählten Farben sollten langfristig beibehalten werden. Die Wörter eines Satzes werden entsprechend farbig unterstrichen. Die Farben visualisieren die jeweiligen Wortarten, die den Satz bilden, sowie ihre Position im Satz. Wird dieses System konsequent angewendet, erleichtert es, die Struktur eines Satzes zu erkennen. Zudem bietet es Schülern wie *Kemal* eine Orientierung bei der Bildung eigener Sätze, wenn in vorbereiteten Rastern mit Spalten für die jeweiligen Wortarten diese in der entsprechenden Farbe markiert werden. Differenzierte Arbeitsaufträge ergeben sich aus der Anzahl der Wortarten, die in den Übungstexten zu kennzeichnen sind: nur eine bestimmte Wortart oder aber mehrere bzw. alle vorhandenen Wortarten.

Das Verständnis von Satzgliedern kann ebenfalls mit Farbkennzeichnungen unterstützt werden. In unserer Praxis markieren wir Satzglieder farbig mit Textmarkern oder rahmen sie mit einem Buntstift ein. Damit bleibt die Möglichkeit offen, innerhalb eines Satzgliedes eine Wortart zu unterstreichen, ohne dass es unübersichtlich wird.

Eine **handlungsorientierte** Form der Visualisierung bietet sich ebenfalls für die Arbeit mit Satzgliedern an, besonders für die Einführung des Themas. Die Wörter eines einfachen Satzes wie „Peter hat einen Hund" werden einzeln jeweils auf ein DIN-A4-Blatt geschrieben. Vier Schüler bekommen je eine Wortkarte. Sie stellen sich vor der Lerngruppe so auf, dass die Wörter einen sinnvollen Satz ergeben. Danach stellen sie sich um und verändern dabei die Wortstellung. Ist der Satz sprachlich nicht richtig, wird mit Unterstützung der Lerngruppe korrigiert.

Bei diesen Umstellungen werden die Wortarten und ihre möglichen Positionen im Satz visualisiert. Es wird deutlich, dass die Wörter *einen* und *Hund* als „einen Hund" in allen Varianten zusammenbleiben und bei korrektem Sprachgebrauch nicht getrennt werden dürfen. Damit ist das erste Satzglied sichtbar gemacht.

Die von Schülern aktiv durchgeführte **Umstellprobe** mit Wortkarten kann im weiteren Verlauf der Arbeit wiederholt zu Übungszwecken eingesetzt werden. Sie lässt sich auch mit kleinen Wortkarten auf dem Tisch realisieren. Partner- oder Gruppenarbeit sind dabei empfehlenswert, um das Sprachgefühl im kommunikativen Austausch mit anderen zu festigen und weiterzuentwickeln.

Nach dem gleichen Prinzip können Sie Umstellproben für komplexe Satzglieder wie Dativobjekte, Akkusativobjekte und adverbiale Bestimmungen üben. Zur Vereinfachung werden komplette Satzglieder auf je eine Karte geschrieben. *Kemal* und *Emma* sehen beim Umstellen, dass die Wörter in diesen Satzgliedern in genau dieser Reihenfolge als „Paket" die Position wechseln.

Bei der Erarbeitung der zu den Satzgliedern führenden Fragewörter können vorbereitete Wortkarten mit Magneten an die passenden Stellen zu den Übungssätzen an die Tafel geheftet werden. Eine Aufgabe, die *Christians* Bewegungsdrang entgegenkommt.

Peter schenkt seinem Bruder ein Buch.

Die Zuordnung von Fragewörtern können *Emma* und *Kemal* auf dem Übungs-blatt weiterführen. Sie erhalten das gemeinsame Arbeitsblatt in vergrößerter Kopie, damit genügend Platz für schriftliche Ergänzungen ist. Eventuell kann das Arbeitsblatt in Satzstreifen geschnitten werden, die dann mit großem Abstand auf Papier oder in das Heft zu kleben sind. Jedem Satz werden ein oder zwei verabredete Fragewörter zugeordnet. Im Beispielsatz bieten sich *Wer?* und *Wann?* an, da sie eindeutig zu beantworten sind. Eine motivierende Abwechs-lung erreichen Sie mit dem Auftrag, die Fragewörter mit Haftnotiz-Zetteln auf-zukleben.

Alternativ können mögliche Fragewörter neben oder unter einen Satz ge-schrieben werden. Mindestens eines davon ist mit dem passenden Satzglied zu verbinden. Der Schüler entscheidet in diesem Fall jedes Mal neu, welches Fra-gewort er wählt.

Tom	fährt	um 7 Uhr	zur Schule.
wer?		*wann?*	

Haben Schüler des unteren Leistungsniveaus den Wunsch, die gleichen Übun-gen wie alle anderen zu bearbeiten, können Sie den Lösungsweg auf dem Arbeitsblatt visuell vorgeben. Mit Farbe oder anderen Kennzeichnungen werden die Aufgaben **kognitiv entlastet**. Die Schüler lernen so den Lösungsweg kennen und nutzen. Auch das ist eine sinnvolle Form der Übung.

Grammatik (Zeitformen)

Ein Bewusstsein für den unterschiedlichen Aussagegehalt von Zeitformen ist bei Schülern in Bezug auf gestern/heute/morgen in der Regel vorhanden. Über die feinen Unterschiede zwischen Präteritum und Perfekt oder gar dem Plusquamperfekt machen sie sich dabei eher keine Gedanken. Das Futur II fin-det sich nur in den seltenen Fällen im jugendlichen Sprachgebrauch. Es ist keine leichte Aufgabe, im Deutschunterricht die vorhandenen Sprachkenntnisse zu ordnen, zu festigen und auszubauen. Zudem sollen die Schüler für die Unterschiede zwischen **gesprochener Sprache** und **Schriftsprache** sensibilisiert werden.

Zur Einführung des Themas können Sie einen Zeitstrahl anlegen. Dafür werden jeweils auf ein DIN-A5-Blatt geschrieben:

- die lateinischen Fachbegriffe für die Zeitformen,
- die deutschen Übersetzungen und
- ein oder zwei Beispiele (er geht, wir gehen, er ging usw.).

Die lateinischen Wörter werden gezeigt und gemeinsam geklärt. Mischen Sie die Karten und teilen Sie diese verdeckt an die Schüler aus. Mit dem ersten Auftrag fordern Sie zur Bildung von Zeitformgruppen auf. Nun findet sich jeweils ein lateinischer Begriff wie Präteritum mit seiner deutschen Übersetzung und dem passenden Beispiel zusammen.

Der zweite Arbeitsauftrag lässt eine zeitliche Reihung herstellen. Ziel ist, dass die Zeitformgruppen sich zu einem **Zeitstrahl** ordnen. Dabei kann es hilfreich sein, wenn Sie eine Position vorgeben. Ausgehend von der Gruppe Präsens können sich die anderen Zeitformen leichter zuordnen. Nach Abschluss der Übung wird der Zeitstrahl gut sichtbar an der Wand befestigt. Ist das aus Platzgründen nicht möglich, kann eine DIN-A4-Variante hergestellt und ausgehängt werden.

Emma und *Kemal* üben das Prinzip in den nächsten Stunden mit kleinen Karteikarten auf dem Tisch weiter, dabei entbinden wir sie von Plusquamperfekt und Futur II.

Gut geeignet sind auch kleinformatige Versionen des Zeitstrahls in laminierter Form als Orientierungshilfe.

Tipp: Auf eine Wäscheklammer wird ein kleines Quadrat aus Pappe mit drei Pfeilen geklebt, die nach unten, links und rechts zeigen. Die Wäscheklammer wird so auf den Zahlenstrahl geklammert, dass der nach unten gerichtete Pfeil auf die Basiszeit gerichtet ist. Von dieser Zeitform als Ausgangspunkt werden für „heute – vor einer Stunde – gestern – morgen" die Zeitformen von Verben bestimmt.

Lisa bekommt ebenfalls einen kleinen, aber vollständigen Zeitstrahl. Mit diesem Überblick kann sie die Zeitstruktur gut erfassen und sich einprägen.

Die für Schüler ungewohnten und steif klingenden Zeitformen müssen schreibend und sprechend geübt werden. Als Einstiegsritual ist ein **Frage-Antwort-Quiz** geeignet. Bereiten Sie eine oder mehr Quizkarten vor mit Fragen, die im Präteritum formuliert und ebenso zu beantworten sind. Die Inhalte sollten unterschiedlich sein. „Wann kam unsere Klasse von der Klassenfahrt zurück" ermöglicht allen Schülern eine Beteiligung, während die Frage „wann wurde das Rathaus gebaut" nur von wenigen beantwortet werden kann. *Emma* und *Kemal* lesen Fragen vor, vergleichen die Antwort mit der Lösung auf ihrer Karte oder notieren Punkte für richtige Antworten.

Szenische Darstellungen wie ein Unfall (Spaziergänger stolpert, fällt, ruft mit gebrochenem Bein einen Krankenwagen) dienen als Grundlage für einen Polizeibericht oder eine Zeitungsnotiz: „Ein Mann ging ... fiel ... brach ... rief um Hilfe."). Ein oder mehrere Schüler spielen, die anderen sind Reporter und schreiben. Diese handlungsorientierte Methode ist gut geeignet für Schüler, die wie *Christian* einen großen Bewegungsdrang haben. Es bedarf aber genauer Regie-Anweisungen, damit nicht ein tobendes Chaos entsteht. Weisen Sie den oder die Darsteller genau in die Aufgabe ein. Sprechen Sie ab, was auf welche Art getan werden soll. Das kann mündlich geschehen oder schriftlich mit einer Rollenkarte.

Schriftliches Übungsmaterial wird in Vielzahl von den Schulbuchverlagen angeboten. Zur Differenzierung können Sie für Schüler wie *Kemal* und *Emma* auch Arbeitshefte mit heranziehen, die sich an Grundschüler richten. Die darin angebotenen Übungen zu Zeitformen sind mit ihren vereinfachten Anforderungen zumindest anfangs angemessen. Bei guten Lernfortschritten wird mit Übungsmaterial einer höheren Niveaustufe weitergearbeitet.

Der Konjunktiv kann losgelöst von den anderen Zeitformen behandelt werden. Die einfache Möglichkeitsform ist allen Schülern verständlich, der Konjunktiv II stellt in seinen Anforderungen bereits eine Differenzierung nach oben, also in Richtung leistungsstarker Schüler dar.

Der Gebrauch des Konjunktiv I in der indirekten Rede fällt vielen Schülern schwer. *Emma* und *Kemal* können sich dieses sprachliche Mittel nur sehr begrenzt aneignen, sie nehmen aber an allen Übungen auch schriftlicher Art teil. Sie bekommen die korrekten Verbformen als Lösungshilfe oder Arbeitsblätter mit klarer Struktur. Ein Beispielsatz dient als Modell für die Übungssätze, die nach dem gleichen Prinzip aufgebaut sind (siehe Kopiervorlage Seite 133/134).

Mit einer kleinen Zeichnung zur Darstellung der indirekten Rede und ausgewählten Sätzen mit Lösungshilfe kann auch *Kemal* selbstständig zu diesem Thema tätig sein.

Stehen schuleigene Aufnahmegeräte zur Verfügung, werden Übungen **szenisch** gesprochen und aufgenommen. Schüler, die über ein Handy mit Aufnahmefunktion verfügen, dürfen dies gern dafür nehmen. Es motiviert Akteure und Zuhörer, wenn die Aufnahmen in der Lerngruppe vorgestellt werden.

Alle von den Schülern zu bearbeitenden Übungsaufgaben eines Themas können Sie in einer Checkliste zusammenstellen. Das ist ähnlich wie ein Wochenplan, allerdings beschränkt auf ein Thema und gültig für den gesamten Zeitraum, der für das Thema veranschlagt ist. Die Schüler können der Checkliste entnehmen, ob eine Aufgabe schwer, mittel oder leicht ist und ob sie im Schülerbuch, dem Arbeitsheft oder auf einem Arbeitsblatt zu finden ist. Problemlos können Aufgaben eingeschoben werden, die individuellen Förderplänen entsprechen. Die Checkliste kann dazu in einer differenzierten Fassung hergestellt werden, vorzuziehen ist aber eine Version für alle. Bestimmte Aufgaben werden als Pflichtaufgaben gekennzeichnet, für Kemal sind das sicherlich andere als für seinen Tischnachbarn. Aber diesem Tischnachbarn schadet es nicht, wenn er freiwillig eine Aufgabe mit vereinfachten Anforderungen bearbeitet.

> **Tipp:** Es empfiehlt sich, die Schüler ein Regelheft anlegen zu lassen. Grammatik- und Rechtschreibregeln werden eingetragen und mit anschaulichen Beispielen ergänzt. Auf dieses Heft können die Schüler jederzeit zurückgreifen.

3.14 Kreative Schreibanlässe

Voraussetzung für erfolgreiches Lernen im Deutschunterricht sind Interesse und Freude am Schreiben. Es ist wichtig, dass die Schüler auch die schönen Seiten des Schreibens erleben. Das weckt Motivationen und strahlt positiv aus, wenn die geforderte Leistung sich als große Herausforderung erweist und dennoch geschafft wird. Schriftliche Übungen gehören zu den schulischen Pflichten, sind oft anstrengend und machen wenig Spaß. Das Geschriebene wird korrigiert und bewertet und dabei aus der Sicht des Autors oft unberechtigt abgewertet. Auch wenn ein Schüler seinen Text mit Herzblut und großer Anstrengungsbereitschaft verfasst hat, kann es passieren, dass dieser den curriculraren Anforderungen nicht genügt. Wenn der Schüler nun ein Feedback bekommt, das sich ausschließlich an abstrakten formalen Kriterien ausrichtet, ist es nicht verwunderlich, dass er dem Schreiben ablehnend gegenübersteht.

Das sind denkbar ungünstige Voraussetzungen für die Entdeckung der positiven Seiten von **Schreibkompetenz**. Auch Schüler mit schwach ausgeprägter Schreibkompetenz schreiben gern zu Themen, die sie betreffen. Sie konzentrieren sich beim Schreiben auf den Inhalt, nicht auf Formalitäten wie Rechtschreibung und Grammatik, sie haben Spaß und sind stolz auf ihr Produkt. Wichtig ist, dass am Ende nicht der Lehrer mit dem Rotstift steht.

Diese positiven Schreibsituationen können arrangiert werden. Aus eigener Praxis stellen wir hier Methoden vor, die die Entdeckung und Entwicklung von Schreibmotivation fördern.

Schreibkommunikation

In den Jahrgängen 5 und 6 wird eine Schreibzeit festgelegt, bei uns waren es die ersten fünfzehn Minuten einer einzelnen Deutschstunde. Jeder Schüler bekommt ein schönes Schreibheft (aus dem Materialetat der Schule finanziert), das zum **Geschichtenheft** wird. Dieses Heft wird nur in der Schreibstunde benutzt, stets am Stundenanfang ausgeteilt und am Ende der Schreibzeit wieder eingesammelt. Für die Texte gelten folgende Regeln:

- Jeder muss etwas schreiben.
- Das Schreibthema ist frei wählbar.
- Es ist verboten, schlecht über andere zu schreiben.
- Es ist verboten, andere zu beleidigen.
- Niemand muss über seinen Text sprechen.
- Niemand muss seinen Text anderen Schülern zeigen.

Am Ende der Schreibzeit dürfen zehn Minuten lang alle, die es möchten, ihren Text einzelnen Mitschülern vorlesen, Vorleser und Zuhörer setzen sich dazu an einem ihrer Plätze zusammen. Auf freiwilliger Basis tragen fünf Schüler ihren Text der gesamten Lerngruppe vor. Danach werden die Hefte eingesammelt. Fachlehrkraft und Doppelbesetzung nehmen je eine Hälfte davon mit. Sie lesen die Geschichten und antworten mit einigen Sätzen darauf, die zu weiteren Schreibaktivitäten anregen sollen, wie die Frage nach dem Fortgang der Science-Fiction-Geschichte. Die Pädagogen nehmen keine Korrektur von Fehlern vor und vermeiden jegliche Bewertung.

> ES War Einmal Ein JUNge Er Heißt
> TOM WOHNt mitt familie im HaMBUrg
> 2 Stunden Später TOM GeHt Einkaufen in Penny
> Tom viele sachen TOM muss 400 miLarDent
> zu BezaHLen die Verkäuterin sagt
> ES GeHT 2 möglichkeiten
>   1 Kriedetkarte - BANKart
>   2 Bar
> TOMs Sich Endschaden TOM sagt ich HaB
> NichT zu Geld Frau B████ RetteT TOM
> Das ist sehr nett von Frau B████.
> Hat sie bar bezahlt oder mit Kredit-
> karte ?

Unsere Schüler schrieben über alles, was sie gerade berührte. Das konnte die Vorfreude auf einen neuen Schulrucksack, auf den anstehenden Besuch beim entfernt lebenden Vater, ein Zoobummel vom Wochenende, Omas Geburtstag oder ein Streit in der vorangegangenen Pause sein. In Einzelfällen baten sie auf diesem Wege um ein persönliches Gespräch ohne Zeugen, meist um familiäre Probleme zu besprechen. Anfangs waren die Texte nur wenige Sätze lang, später kamen ganze DIN-A4-Seiten dabei heraus. Die Motivation war groß, die Schüler erkämpften sich manch zusätzliche Schreibzeit und letztlich sogar die Verlängerung in das nächste Schuljahr hinein. Im Laufe der Zeit fanden sie alle zu ihrem persönlichen Schreibstil. Die Textqualität wuchs, sowohl was Inhalt als auch Orthografie betraf. Vermutlich konnten die vom Leistungsdruck entlasteten Schüler so entspannt ihren Wunschtext schreiben, weil sie nicht auf Rechtschreib- und Grammatikregeln achten mussten, sondern diesbezügliche Kenntnisse zunehmend automatisch einsetzen durften.

Das verbotene Heft

Es gelten ähnliche Prinzipien wie im vorigen Beispiel. Dieses Mal haben die Schüler zwei Geschichtenhefte zur Verfügung. Eines davon ist für die Lehrer tabu, das andere erlaubt. Die Schüler entscheiden in jeder Schreibzeit neu, in welches Heft sie eine Geschichte schreiben, erlaubt ist auch, in beide Hefte zu schreiben. Abgegeben werden immer beide Hefte.

Auch wenn alle Schüler darauf vertrauen, dass die Lehrer das Tabu einhalten und das verbotene Heft nicht öffnen, kommt doch Spannung auf. Die Schüler spielen in den erlaubten Geschichten mit versteckten oder provokanten Hinweisen auf die verbotenen Texte, sie lesen aufmerksam die Antworten der Lehrer und suchen nach Beweisen für einen Tabubruch. Welcher Art die Geschichten im verbotenen Heft waren, ob überhaupt etwas geschrieben wurde, wissen wir nicht. Wir haben die verbotenen Hefte tatsächlich nie geöffnet – und das sollte selbstverständlich sein!

Dampfwolkenschrieb

In unruhigen Zeiten wie in der Vorweihnachtszeit oder in Phasen pubertärer Entwicklung sind Schüler oftmals nach Pausen aufgewühlt und gedanklich in Konflikten oder aufregenden Situationen gefangen. Sie benötigen dann ein **Ventil**, um Gefühle wie Ärger, Wut, Unverständnis oder Angst zu ordnen und Dampf ablassen zu können, bevor sie sich auf den Unterricht einlassen können.

Wir begegnen dieser Situation mit einem DIN-A5-Schreibheft. Die Lerngruppe bekommt fünf Minuten lang die Möglichkeit, einen „Dampfwolkenschrieb" zu verfassen, also ihre Emotionen in Worten auszudrücken und aufzuschreiben. Die Hefte werden nach der vereinbarten Zeit eingesammelt und im Klassenschrank verwahrt. Die Texte sind privat und werden nicht von uns gelesen.

Am Anfang ist ein Bild

Den Ausgangspunkt dieser Methode bildet ein Bild. Das kann ein ungewöhnliches oder ein besonders schönes Bild sein, ein Foto oder ein gemaltes Kunstwerk, eine Grafik oder eine Zeichnung. Das Bild wird gut sichtbar aufgehängt, dann schreiben die Schüler in ihr Geschichtenheft alles, was ihnen zu diesem Bild einfällt.

Die Bandbreite der Schreibprodukte reicht von einfachen Bildbeschreibungen bis zu langen Romanen. Für diese schon recht komplexe Aufgabe ist regelmäßig eine ganze Unterrichtsstunde als Schreibzeit zu veranschlagen.

Anlasstext

Ein Anlasstext kann spontan geschrieben werden, eine regelmäßige Schreibzeit ist nicht erforderlich. Die Texte werden nicht korrigiert. Wie der Name schon sagt, ist es ein Text zu einem bestimmten Anlass. Es kann sich um eine schulinterne Begebenheit handeln oder um eine aus dem Weltgeschehen, z.B. eine Naturkatastrophe. Es werden Gedanken oder Gefühle zu dem gewählten Anlass aufgeschrieben oder eher sachlich einige Informationen.

Jeder bestimmt selbst, was er schreibt. Für die Texte kann das Schreibheft genommen werden. Wir empfehlen, auf DIN-A4-Bögen schreiben zu lassen, um diese möglicherweise als Wandzeitung aufhängen zu können.

Aus Anlasstexten über Aidswaisen in Afrika entstand eine Spendensammlung für eine Hilfsorganisation. Aus Leserbriefen anlässlich der Erfahrungsberichte über Freizeitmöglichkeiten, die Jugendliche einer Schule für Körperbehinderte in einer Tageszeitung veröffentlicht hatten, entstand eine jahrelange Freundschaft beider Lerngruppen.

3.15 Lernszenarien

Lernszenarien sind eine kreative Alternative zum herkömmlichen Deutschunterricht. In einem Lernszenario geht es darum, einen Sachtext inhaltlich aus verschiedenen Perspektiven heraus zu bearbeiten. Der Sachtext bildet die Grundlage für diverse Aufgabenstellungen, die sich aus ihm ergeben. Nachdem der Sachtext gemeinsam gelesen wurde und die Aufgabestellungen klar sind, sollen sich die Schüler eine Aufgabe aussuchen und bearbeiten.

Die Schüler haben die Möglichkeit, an *einem* Thema zu arbeiten und sich Aufgaben entsprechend ihrer Kompetenzen und Fähigkeiten auszuwählen. Durch die Präsentationen der Arbeitsergebnisse erhalten die Schüler am Schluss ein Gesamtergebnis aus vielen Teilaspekten.

Als Beispiel wird hier ein Lernszenario zur Erarbeitung von Sachtexten vorgestellt.

Beispiel Sachtext zu Facebook

In einem 7. Jahrgang wurde im Deutschunterricht folgender Artikel gelesen: „Nicht nur Facebook gefällt Schülern", erschienen am 05.03.2012 in der Rhein-Zeitung (siehe Kopiervorlage auf Seite 140/141).

Dieser Zeitungsartikel war Grundlage des Lernszenarios. Zu Beginn wurde der Text von der Lehrkraft vorgelesen. Nachdem die unbekannten Begriffe geklärt und die Bedeutungen in einem Glossar notiert worden waren, lasen die Schüler den Artikel erneut in stiller Einzelarbeit. Anschließend wurden die Partner für die Partnerarbeiten eingeteilt.

Im nächsten Schritt stellte die Lehrkraft 13 verschiedene Aufgabenstellungen vor, die sich aus dem Zeitungsartikel ergaben (siehe Kopiervorlage auf Seite 142).

Danach konnten sich die Schüler mit ihrem Partner besprechen und *eine* Aufgabe auswählen.

Im weiteren Verlauf des Unterrichts bekamen die Schüler Zeit für die Bearbeitung und die Vorbereitung der Präsentation. Die Schüler arbeiteten sehr motiviert und selbstständig an den Aufgaben. Die Präsentationen wurden interessiert und engagiert verfolgt.

3.16 Sprachförderung

Sprachförderung ist ein wesentlicher Bestandteil des gesamten Unterrichts. Die Grundlagen und das Fundament für die sprachlichen Fähigkeiten werden im Deutschunterricht gelegt.

Die Sprache ist ein wichtiger Baustein für die anderen Entwicklungsbereiche. Der Entwicklungsbereich *Sprache und Denken* steht in einem direkten Zusammenhang mit dem Entwicklungsbereich Wahrnehmung und Bewegung. Sprache und Bewegung sind zwei Komponenten, die untrennbar miteinander verbunden sind. Auch der Bereich *Emotionale und soziale Entwicklung* ist damit gekoppelt.

Nur, wenn das Kind oder der Jugendliche in einer guten emotionalen Verfassung ist und ausreichend Bewegung bekommt, kann sich seine Sprache entwickeln.

Die Sprache gliedert sich auf vier sprachliche Ebenen auf. Die **phonetisch-phonologische Ebene** beschäftigt sich mit den Lauten und deren Aussprache. Auf der zweiten sprachlichen Ebene, der **semantisch-lexikalischen**, werden alle Fähigkeiten bezogen auf den Wortschatz abgespeichert. Die **syntaktisch-morphologischen** Ebene beinhaltet den Bereich der Grammatik. Die Fähigkeiten und Fertigkeiten bezüglich der Kommunikation werden auf der **kommunikativ-pragmatischen** Ebene abgespeichert.

Im regulären Unterricht ist zu beobachten, dass die Schüler immer mehr Schwierigkeiten haben, Aufgabenstellungen und Texte sinnentnehmend zu lesen und Informationen zu filtern. Ergänzt werden diese Beobachtungen durch die Ergebnisse von Tests zur Erfassung grundlegender Rechtschreibstrategien. Diese Schwierigkeiten wirken sich auf das Lernverhalten der Schüler aus. Durch das mangelhafte Text- und Aufgabenverständnis stellt das Erfassen von komplexen Zusammenhängen häufig eine zu große Herausforderung dar und bedeutet ein echtes Lernhindernis.

An dieser Stelle stellen wir einige Möglichkeiten vor, wie Sie die Schüler unterstützen und fördern können.

Ein grundsätzlicher und sehr wichtiger Aspekt ist die durchgängige Sprachbildung. Dies bedeutet Sprachförderung in jedem Fach zu jeder Zeit. Die Lehrkraft verschärft ihren Fokus auf die Sprache im mündlichen und schriftlichen Bereich.

In Unterrichtsgesprächen bieten sich hier die Modellierungstechniken an. Das sind **Hör- und Sprachmodelle**, die dem sprachlichen Fehler vorausgehen oder nachfolgen. Die Lehrkraft achtet auf ihre Sprache. Sprache kann gezielt eingesetzt werden, um die Fähigkeiten der Schüler zu fördern. Durch eine gezielte Verwendung von Bildungs- und Fachsprache können die Fähigkeiten der Schüler verbessert werden. Wenn ein Schüler eine sprachliche Struktur falsch benutzt, kann durch die Modellierungstechnik eine wertschätzende Korrektur vorgenommen werden.

> **Beispiel:**
> - Kemal: „Ich geh' Schwimmbad!"
> - LK: „Du gehst ins Schwimmbad? – Das ist toll!"

Auch im schriftlichen Bereich gibt es Möglichkeiten, eine sprachliche Entlastung zu erreichen. Achten Sie bei Aufgabenstellungen auf folgende Aspekt:
- pro Satz nur eine Anweisung,
- einfache grammatische Strukturen,
- keine unbekannten Fremdwörter (Definitionen angeben),
- keine unbekannten Fachbegriffe (Definitionen angeben).

Texte können sprachlich **vorentlastet** werden. Hierbei ist es wichtig, den Text auf sprachliche Stolpersteine hin zu analysieren und diese im Unterricht zu besprechen. Wenn in einem Text viele Relativsätze verwendet werden, ist es sinnvoll, dass die Schüler diese grammatische Struktur vorher kennenlernen.

Glossar

In jedem Unterricht werden die Schüler auf unbekannte Begriffe in den Texten stoßen. Hier ist es hilfreich, wenn die Texte gemeinsam erarbeitet und die Fremdwörter in einem Glossar zusammengestellt werden. Auf diese Weise können die Schüler immer wieder darauf zurückgreifen. Um die unbekannten

Begriffe nicht nur im passiven Wortschatz, sondern auch im aktiven Wortschatz der Schüler zu verankern, ist es hilfreich, dass diese Begriffe präsent sind. Das Glossar in den Unterlagen der Schüler ist eine Hilfestellung.

Ein Wandplakat mit den Begriffen ist eine zusätzliche Unterstützung. Schülern mit sonderpädagogischem Förderbedarf können Sie die Möglichkeit einräumen, die Bedeutungen der Begriffe bildlich darzustellen.

Es ist nicht hilfreich, die Schüler zu einer Dokumentationsvariante zu zwingen. Jeder Lerntyp merkt sich Lerninhalte auf eine individuelle Weise.

Diese Methode braucht Zeit, jedoch werden die Schüler durch die Erweiterung des Wortschatzes immer selbstständiger im Erfassen von Texten.

ABC-Geschichten

Einen sprachförderlichen Spaß mit Buchstaben bietet das „ABC der fantastischen Prinzen" von Willy Puchner (© NordSüd Verlag Zürich 2014). Zu jedem Buchstaben des Alphabets erscheint ein Prinz mit entsprechendem Anfangsbuchstaben. Zu jedem Prinzen gibt es einen Text mit diversen Fremdwörtern, die mit dem entsprechenden Buchstaben beginnen. (Ein zweites Buch stellt übrigens das „ABC der fabelhaften Prinzessinnen" vor).

Während die Lehrkraft den Text vorliest, markieren die Schüler alle ihnen unbekannten Begriffe. Anschließend werden die Bedeutungen der Begriffe geklärt und notiert. Nun macht das Lesen des Textes Spaß.

Beispiel:

Ich bin Prinz August,

geboren im August in Augsburg.

Ich bin authentisch, aufmerksam,

aufgeschlossen und absolut allein.

Ich liebe acht Arten von anspruchsvollen Aufgaben: Alchemie, Astronomie …

Spiele

Einige ausgesuchte Beispiele, die sich in der Praxis bewährt haben, sollen an dieser Stelle vorgestellt werden.

Buchstabentausch: Es wird ein Wort an die Tafel geschrieben. Die Aufgabe der Schüler ist nun, durch Umstellen der Buchstaben neue Wörter zu bilden. Wer nach Ablauf der Zeit die meisten sinnvollen Wörter gefunden hat, gewinnt und darf das nächste Ausgangswort stellen. Für das Spiel können Partnerschaften gebildet werden, die Nachteile ausgleichen.

ABC-Spiel: Die Lehrkraft beginnt lautlos, das Alphabet aufzusagen. Ein Schüler sagt „Stopp" und mit diesem Anfangsbuchstaben sollen die Schüler so viele Wörter wie möglich finden und aufschreiben. Als Herausforderung können Bedingungen eingebaut werden, z. B. dass nur Wörter einer Wortart gelten. Mit individuellen Verabredungen können gleichberechtigte Chancen geschaffen werden.

Für die mündliche Variante rufen Sie die Schüler der Reihe nach auf; jeder sagt ein Wort; so spielt es keine Rolle, möglichst schnell zu sein oder möglichst viele Wörter zu finden. Wer kein Wort mehr weiß, darf als nächster das Alphabet aufsagen.

Das Nachbarspiel: Bei diesem Spiel geht es darum, dass Alphabet zu trainieren und die Reihenfolge der Buchstaben zu sichern.

Ein Schüler geht in Gedanken das Alphabet durch und die Lehrkraft sagt nach einer Weile „Stopp". Der Schüler nennt den Buchstaben. Nun sind die Mitschüler an der Reihe. Wer zuerst den Vorgänger und den Nachfolger des genannten Buchstabens nennen kann, bekommt den Punkt und ist an der Reihe.

Eine Hilfestellung für leistungsschwächere Schüler kann ein Papierstreifen mit dem Alphabet am Platz sein. Die Orientierung auf diesem Streifen ist eine zusätzliche kognitive Herausforderung.

Lesezeit

Das Lesen bedeutet für die Schüler immer eine Förderung: Sie erweitern ihren Wortschatz und lernen verschiedene grammatische Strukturen kennen.

Aus diesem Grund ist es sinnvoll, die Schüler möglichst oft zum Lesen zu bringen. Sie können regelmäßig mit den Schülern in die **Bücherei** gehen und ihnen einige Bücher vorstellen. Sie können feste Lesezeiten im Unterricht einrichten. Schüler, die mit ihren Aufgaben schon fertig sind, können sich ihr Buch nehmen und lesen. Während fester **Lesestunden** im Stundenplan dürfen die Schüler lesen, was sie möchten, anschließend dokumentieren sie ihre Lektüre in einem Lesetagebuch. Wenn Schüler ihren Mitschülern das von ihnen gelesene Buch vorstellen, fühlen diese sich eher angesprochen, als wenn die Empfehlung von der Lehrerin kommt (siehe Kopiervorlage, S. 142).

Förderzeit

Eine kleine Erhebung im Rahmen des Deutschunterrichts lässt schnell erkennen, welche sprachlichen Probleme in der Klasse aktuell sind. Häufige **sprachliche Probleme** gibt es

- bei der Verwendung der Artikel,
- bei der Anwendung des Dativ- und Akkusativ-Kontextes,
- bei der Verwendung von Fachsprache oder
- bei der Verbbeugung.

Die Liste der sprachlichen Probleme kann einerseits Grundlage für einen klasseninternen Förderunterricht im Rahmen des Arbeitszeitunterrichts sein. Es hat sich bewährt, nach einer frontalen Erklärungsphase eine gemeinsame Übungsphase einzuleiten. Im Anschluss daran haben die Schüler die Möglichkeit, in **individuell zusammengestellten Übungsmappen** an den sprachlichen Phänomenen zu arbeiten. Eine zur Verfügung stehende Lösungsmappe bringt die Schüler in die Situation, selbstständig zu kontrollieren. Die Lehrkraft steht in diesen Stunden als Beobachter und Lernberater zur Verfügung.

Andererseits sollte versucht werden, die Förderung der sprachlichen Probleme in den Unterricht einzubinden. Der Unterricht wird sprachsensibel gestaltet und geplant. Texte werden nach sprachlichen Phänomenen untersucht, um sie sprachlich zu entlasten. So ist es für alle Schüler eine Hilfe, ein sprachliches Phänomen zu kennen, bevor es ihnen in einem Text begegnet.

Die Schüler sollten z.B. mit der indirekten Rede vertraut sein, bevor sie in einem Sachtext damit hantieren müssen. So sieht es mit allen sprachlichen Phänomenen aus.

3.17 Leistungsmessung und Leistungsbewertung

Transparente Leistungsmessung

Differenzierung und Individualisierung sind selbstverständliche Praxis im inklusiven Unterricht. Lernziele, Anforderungen, Übungsaufgaben und Lernwege – alles wird individualisiert. Das setzt sich bei der Messung und Beurteilung von Leistung konsequent fort. Wenn Schüler auf verschiedenen Niveaustufen arbeiten und unterschiedliche Lernziele haben, kann es nicht mehr die *eine* Klassenarbeit mit gleichen Anforderungen an *alle* geben. Die große Heterogenität einer inklusiven Lerngruppe führt zu unterschiedlichen Leistungsniveaus, was auch bei der Leistungsmessung und -bewertung berücksichtigt werden muss.

Klassische Lernerfolgskontrollen wie **Klassenarbeiten** und **Vergleichsarbeiten** sind an sich mit den Anforderungen inklusiver Pädagogik nicht vereinbar, haben aber weiterhin ihre Berechtigung. Zum einen sind sie vom Schulgesetz her vorgeschrieben, zum anderen von Schülern und Eltern, aber auch Fachlehrern und Schulaufsicht gewünscht. An den Ergebnissen wird das Erreichen oder Nichterreichen eines „Klassenziels" abgelesen, zudem machen sie die Leistungen unterschiedlicher Lerngruppen vergleichbar.

Im Sinne eines wertschätzenden und akzeptierenden sozialen Klimas müssen die Aspekte individualisierter Leistungsmessung und ihre Folgen in der Lerngruppe thematisiert werden. Nur wenn die Grundlagen und Bedingungen individualisierter Leistungsüberprüfung und -bewertung nachvollziehbar offengelegt werden, können die Schüler verstehen, warum jemand bei einer Klassenarbeit im Rahmen eines **Nachteilsausgleichs** mehr Arbeitszeit bekommt, **zusätzliche Hilfsmittel** wie Modelltexte oder Wörterbücher nutzen darf, deutlich **einfachere Aufgabenstellungen** bearbeitet oder möglicherweise einen **Schulbegleiter** als Schreibassistenten an der Seite hat. Das transparente Vorgehen verhindert, dass andere Schüler sich durch die unterschiedlichen Bedingungen ungerecht behandelt fühlen.

Herkömmliche Methoden, die die gleichen Aufgaben zur gleichen Zeit als Klassenarbeit von der gesamten Lerngruppe bearbeiten lassen, sind im inklusiven Sinne zu modifizieren oder durch alternative Verfahren der Leistungsmessung zu ersetzen.

Klassenarbeiten

Meist stehen Klassenarbeiten am Ende einer Unterrichtseinheit in Form von Diktaten, Aufsätzen oder Arbeiten über ein Grammatikthema oder einen literarischen Text. Die gesamte Lerngruppe bearbeitet zeitgleich Aufgaben, die die zuvor im Unterricht geübten Kompetenzen abfragen. Jeder Schüler soll zeigen, welche Inhalte er verstanden hat und eigenständig anwenden kann. Daraus wird abgeleitet, ob bzw. in welchem Umfang er seine Lernziele erreicht hat. Die nachfolgenden Beispiele für individualisierte Formen der Leistungsmessung haben wir in eigener Praxis erprobt.

Diktate

Die Lehrkraft liest einen Text vor, alle Schüler schreiben nach Gehör mit. Diese klassische Form eines Diktates ist in inklusiven Lerngruppen nur modifiziert durchzuführen, denn es gilt, Schüler einzubeziehen. deren Rechtschreibkompetenzen auf den jeweils geübten individuellen Förderzielen basieren. An drei exemplarisch ausgewählten individualisierten **Lernzielen des unteren Leistungsbereiches** wird veranschaulicht, wie das praktisch umgesetzt werden kann.

„Lernwörter in korrekter Schreibweise wiedergeben": Aus dem Diktattext werden Wörter ausgewählt, die den betreffenden Schülern als Lernwortliste für eine angemessene Zeit zum Üben zur Verfügung stehen. Beim Diktat erhalten diese Schüler dann eine Kopie des Textes, die anstelle der Lernwörter Lücken hat. Die Schüler schreiben gewissermaßen ein Wörterdiktat, indem sie die geübten Wörter in die entsprechenden Lücken setzen. Alternativ kann auch ein bestimmter Satz, z. B. der Anfang des Textes, geübt und mitgeschrieben werden. Das Anforderungsniveau kann über die Anzahl und Auswahl der Wörter variiert werden.

„Ausgewählte Rechtschreibregeln anwenden": Es gilt das gleiche Prinzip wie beim vorigen Beispiel. Unter einem bestimmten Aspekt wie Groß- und Kleinschreibung oder Doppelkonsonanten werden Wörter oder Sätze ausgewählt. Entweder sind dem Schüler diese Textstücke durch die vorbereitende Übung bekannt oder er übt die Rechtschreibregel an sich (z. B.: Nomen werden großgeschrieben).

Beim Diktat bieten sich dann zwei Möglichkeiten an: Der Schüler schreibt in einen Lückentext die geübten Wörter, oder er schreibt den kompletten Text mit, wobei aber nur die geübten Anteile bewertet werden.

„Den Satz als Sinneinheit erkennen": Dieses Lernziel aus dem Förderbereich *Sprache* können Sie mit der Methode der „neuen Zeile" sinnvoll unterstützen. Mit jedem neuen Satz beginnen alle oder nur die betreffenden Schüler eine neue Zeile. Wenn die Punkte am Satzende diktiert werden, ist das ein eindeutiges Signal. Wird die Interpunktion nicht diktiert, setzen die Schüler den Punkt an die Stelle, an der sie das Satzende vermuten und wechseln dann zur nächsten

Zeile. Die übersichtliche Gestaltung erleichtert die Selbstkontrolle: Liest sich diese Einheit sinnvoll? Ist das ein vollständiger Satz?

Weitere in der inklusiven Arbeit bewährte Varianten für ein Diktat:

- Parallel zum vorgelesenen Text blitzen einige der Wörter an der Tafel oder einem anderen Medium (Overheadprojektor, Smartboard o.ä.) auf. So entsteht ein visuell unterstütztes Wörterdiktat für bestimmte Schüler.
- Die Lehrkraft diktiert einen Satz und schreibt diesen verdeckt mit. Anschließend wird der Satz für etwa 30 Sekunden sichtbar gemacht. Schüler mit mangelhafter phonologischer Bewusstheit können sich bei dieser Methode an den Wortbildern orientieren und prüfen, ob sie das Gehörte richtig in geschriebene Sprache umgesetzt haben.
- Am Ende des Diktates verbessern die Schüler ihre Niederschrift anhand des Diktattextes, der nun für alle sichtbar ist. Dabei setzen sich alle noch einmal mit Rechtschreibung und Grammatik auseinander. Die Schüler verbessern ihren Text selbst und legen ihn anschließend der Lehrkraft zur Bewertung vor. Je mehr Fehler der Schüler selbst korrigiert, desto weniger Fehler wird die Lehrkraft finden und desto besser fällt die Bewertung aus. Das führt zu einer hohen Motivation der Schüler und fast, ohne es selbst zu merken, prägen sie sich eher beiläufig korrekte Schreibweisen ein.
- Dosen-, Lauf- und Partnerdiktate bieten sich ebenfalls sehr für heterogene Lerngruppen an. Sie sind im Schwierigkeitsgrad gut zu individualisieren und können z.B. durch optische Textgestaltung oder die Länge des Laufweges individuellen Faktoren wie Merkfähigkeitsschwächen begegnen.

Tipp: Schüler wie *Kemal* können mit einem Abschreibediktat herausgefordert werden. Sie erhalten eine Kopie des Diktates und schreiben gekennzeichnete Wörter, Sätze oder den kompletten Text ab. Damit diese Schüler durch die diktierende Lehrerstimme nicht unnötig abgelenkt werden, sitzen sie an der Wand mit dem Rücken zur Klasse und dürfen bei Bedarf Kopfhörer aufsetzen.

Grammatikarbeiten und Arbeiten zu einem Lesetext

Die Aufgaben liegen meist in schriftlicher Form vor und sollen in Einzelarbeit gelöst werden. Das macht es leicht, einigen Schülern differenzierte Fassungen der Arbeit zuzuteilen. Es hat sich bewährt, die Klassenarbeiten **für drei**

unterschiedliche Niveaustufen zu konzipieren und entsprechend zu markieren. Ob dabei G für grundlegende, R für regelhafte und E für erweiterte Anforderungen stehen oder die Niveaustufen mit Symbolen wie ein bis drei Sternchen gekennzeichnet sind, ist unwesentlich. Das Prinzip an sich muss den Schülern bekannt sein und sollte als ein vertrautes System beibehalten werden. Ein Wechsel kann aber auch einer möglichen Diskriminierung entgegenwirken. Eine Schüleräußerung wie „Immer krieg' ich bloß einen Stern" deutet die Frustration an. Wenn dann plötzlich *Small*, *Middle*, *Large* auf den Blättern steht und *Large* die untere Niveaustufe kennzeichnet, verändern sich zwar nicht die Tatsachen, aber Stimmung und Motivation.

Alle Differenzierungsformen sind **themenidentisch**. Sie unterscheiden sich in Umfang und Schwierigkeitsgrad. Auf der unteren Niveaustufe werden Fakten abgefragt wie „Welche Konjunktionen kennst du?" und eingliedrige Arbeitsaufgaben gestellt wie „Bilde dazu jeweils einen Satz" oder „Ergänze die fehlende Konjunktion im Text".

Wenn in Sätzen die Konjunktionen gesucht und unterstrichen werden sollen, sind alle Kommata in den Sätzen gegeben. Auf dem mittleren Niveau sind die Kommata nicht vorhanden und müssen vom Schüler selbst gesetzt werden. Ein Beispielsatz veranschaulicht den Auftrag, zwei Hauptsätze mittels bestimmter Konjunktionen zu verbinden und die entstehenden Nebensätze zu unterstreichen. Auf der erweiterten Niveaustufe fehlt der Beispielsatz, dafür gibt es ergänzend eine Variation der Aufgabe. Sie lautet: „Bilde aus den nun fett gedruckten Angaben mit Hilfe unterschiedlicher Konjunktionen Nebensätze. Beginne mit dem Nebensatz."

Bei **Lernerfolgskontrollen** zu einem Jugendbuch als Lektüre gelten die gleichen Prinzipien. Grundlegend geht es um Informationen, die dem Text selbst entnommen werden können („Beschreibe die Hauptperson und ihre Familie."), Aufgaben mit mittlerem Anforderungsniveau fordern auf, die Hauptperson zu charakterisieren. Handlungen und Einstellungen dieser Person werden einbezogen und führen zu Schlussfolgerungen („Sie ist eine gute Freundin. Das erkenne ich daran, dass ..."). Erweiterte Anforderungen bedeuten, dass die Charakteristik einschließlich der Beziehung zu anderen Figuren flüssig und vollständig geschrieben wird.

Die genannten Beispiele sind pauschaliert dargestellt. Sie können sie beliebig erweitern und variieren, um sie an Ihre eigene Lerngruppe anzupassen.

Es ist denkbar, den Schülern eine Klassenarbeit in Form von **Modulen** mit mehreren differenzierten Fassungen zur Auswahl zu stellen. Ein Schüler mischt seine Arbeit mit Aufgaben aus den Stufen G, R und E. Bei der Beurteilung dieser Arbeit müssen die Kompetenzerwartungen genau beachtet werden, zudem ist eine spätere Umrechnung in Noten umständlich.

Alternative Formen der Leistungsmessung

Soweit wie möglich sollten Sie in der inklusiven Arbeit alternative Formen der Leistungsmessung bevorzugen. Aufsätze, Buchvorstellungen und Präsentationen sind per se offen gehaltene Aufgaben und leicht zu individualisieren. Bilder können zur Veranschaulichung oder als Impuls für kreatives Denken eingesetzt werden, Tischpartner oder Pädagogen unterstützen beim Schreiben und Gestalten von Texten und Themenplakaten, der rote Faden bei der Buchvorstellung gibt Sicherheit, indem er die wesentlichen Ereignisse in ihrem zeitlichem Ablauf ordnet.

Auf vielfältige Art kann sich wirklich jeder Schüler beteiligen und zeigen, was er persönlich kann.

Individuelle Ersatzleistungen, die in der Bewertung einer Klassenarbeit gleichgestellt werden, sind ein guter Weg. Derartige Aufgaben werden auch gestellt, wenn ein Schüler seinen Leistungsstand durch eine freiwillige Zusatzarbeit verbessern möchte. Das kann ein Vortrag oder ein Bericht für die Schülerzeitung sein. Die Themen werden vorgegeben oder entstehen aus persönlichem Interesse („Wir haben Schildkröten im Schulzoo. Wie leben sie dort und wie in der freien Natur?").

Wer sich nicht gern vor der Klasse zeigt, ist mit dem Anfertigen einer Themen-Mappe zu motivieren. In Internet und Bücherei recherchieren, Informationen sammeln und in Texten zusammenfassen, Bilder auswählen und alles anschaulich gestalten: Schüler können hierbei ihre ganze Kompetenzpalette einbringen und zu persönlichen Bestleistungen finden.

Für manche Schüler ist schon ein in Schönschrift abgeschriebener Text eine besondere Leistung. Genaues Hinsehen, ausdauernde Konzentration, Speicherfähigkeit (sich mit den Augen ein Wortbild einprägen, Kopf drehen, Wortbild erinnern, in das Heft reproduzieren), Steuerung der Auge-Hand-Koordination und Durchhaltevermögen sind hierbei die vom Schüler einzubringenden Kompetenzen, die sich so auch in seinem persönlichen Förderplan finden können.

Leistungsbewertung und -rückmeldung

Der inklusive Alltag steht unter der Maxime der Individualisierung. Schüler erarbeiten ihre Lernfortschritte motiviert, mit viel Einsatz und Anstrengungsbereitschaft und erwarten am Ende des Schuljahres eine Belohnung in Form guter Noten. Wenn aber diese Leistungen, die zwangsläufig an den für den Jahrgang gültigen Kompetenzerwartungen gemessen werden, nicht genügen, dann bleibt als Bewertung nur ein „ungenügend".

Notensystem und Jahrgangsstandards als Bemessungsgrundlage stehen im Widerspruch zu den Anforderungen und Bedingungen von Inklusion. Hier ist die Politik gefragt, die schnellstmöglich rechtlich nachbessern muss.

Schüler mit sonderpädagogischem Förderbedarf in den Bereichen *Lernen* und *Geistige Entwicklung* müssen nicht benotet werden. Aber wenn einige Schüler immer Noten bekommen, andere nie, kann das leicht diskriminierend wirken und zu einer Spaltung der Lerngruppe führen. Mit den Worten eines Schülers: „Das sind keine richtigen Schüler, die kriegen ja keine Noten." Gibt es für diese unbefriedigende Situation keine akzeptable Lösung?

Eine Möglichkeit ist die Vergabe von pädagogische Noten, die sich auf den individuellen Förderplan eines Schülers beziehen. Damit werden die Leistungen eines Schülers bewertet, die er in Bezug auf die im Förderplan festgelegten Ziele erbracht hat. Diese Noten werden mit einem Vermerk wie „Bezieht sich auf den individuellen Förderplan" gekennzeichnet. Auf diese Weise könnte sogar ein Notenzeugnis ausgestellt werden. Dann muss allerdings ein Zusatz ergänzt werden, um zu verdeutlichen, dass die Noten nicht den offiziellen Bewertungsrichtlinien entsprechen und nicht zum Schulabschluss oder Studium berechtigen.

Die pädagogischen Noten sind aber nur begrenzt hilfreich. Sie werden sowohl von den Betroffenen selbst, als auch von ihren Mitschülern schnell als „unechte" Note erkannt. Dann entsteht Unruhe in der Lerngruppe durch Neid, weil die einen für eine scheinbar geringe Leistung gute Noten bekommen, während andere so viel mehr dafür arbeiten müssen. Zudem bergen pädagogische Noten die Gefahr der Fehlinterpretation durch Schüler und Eltern in sich. Viele gute „Noten" können unberechtigter Weise Hoffnungen auf einen möglicherweise sogar qualitativ hochwertigen Schulabschluss wecken. In der eigenen Praxis ist es mehrfach vorgekommen, dass dies trotz intensiver Beratung und Information nicht verhindert werden konnte. Die Enttäuschung ist groß, wenn deutlich wird, dass zwei scheinbar gleiche Noten doch nicht gleich sind. Die Enttäuschung ist allerdings auch groß, wenn die Schüler trotz aller Bemühungen keine Note bekommen.

Es ist politischer Wille, dass ausschließlich Schüler mit sonderpädagogischem Förderbedarf **Berichtszeugnisse** bekommen dürfen, alle anderen hingegen Notenzeugnisse erhalten müssen. Die Stigmatisierung ist verordnet und trifft diejenigen, die durch Inklusion wertschätzend und förderlich einbezogen werden sollen. Aktuell bleibt nur, mit dem Manko umzugehen und das Beste daraus zu machen.

Schüler mit sonderpädagogischen Förderbedarfen in den Bereichen *Lernen* und *Geistige Entwicklung* können Sie bei vergleichbaren Leistungen regulär bewerten und dafür offiziell Noten erteilen. Das gilt auch für Teilbereiche. Wer die Anforderungen der Jahrgangsstufe in der Grammatikarbeit nicht erfüllt, tut dies möglicherweise bei der Bearbeitung der Lektüre. Die Leistungen in der Sprachbetrachtung werden mit einem kurzen Text bewertet, die Leistungen zur Lektüre mit Noten. Auch im Zeugnis ist dieses Vorgehen möglich. Im Berichtszeugnis werden die im Deutschunterricht erbrachten Leistungen in Textform beschrieben und bewertet. Die benoteten Teilbereiche werden dabei einbezogen, z.B. so: „Bei der Bearbeitung der Lektüre hast du dem Jahrgang entsprechende Leistungen erbracht und erhältst dafür die Note 3."

Während der laufenden Kursarbeit sollten Sie einen ständigen Wechsel zwischen Note und Text als Bewertung einzelner Aufgaben vermeiden. Wählen Sie erst dann Noten zur Bewertung, wenn die Schüler in dem Bereich ein stabiles Leistungsverhalten entwickelt haben. Wer das eine Mal eine Note bekommt, das nächste Mal aber nicht, empfindet den Wegfall der Note sofort als Versagen und fürchtet, nicht gut genug zu sein. Der Blick auf die positiven Anteile der erbrachten Leistung fällt den Schülern und ihren Eltern dann sehr schwer.

In der eigenen Praxis geben wir so oft wie möglich alternative Leistungsrückmeldungen an die Schüler. Die Kontrolle von Deutschheft, Hausaufgaben, Mappen und Aufgaben wird bei allen mit **Smileys** bewertet. Dazu kommen eine persönliche Rückmeldung über besonders gelungene Teile, möglicherweise ein Tipp, worauf beim nächsten Mal geachtet werden sollte, oder lobende Worte über die gelungene Ausführung.

Projektmappen enthalten die Ergebnisse einer intensiven Auseinandersetzung mit einem Thema. Zur Beurteilung verwenden wir **Bewertungsraster**. Welche Leistungsaspekte in das Raster eingehen, ist abhängig vom jeweiligen Thema. Die Kriterien für die Arbeit an einer Lektüre sind andere als die für

Grammatik oder Sachtexte. Die Bewertungsraster nennen konkrete Aufgaben („ein passendes Deckblatt gestalten") und themenbezogene Kompetenzen („eine Charakteristik schreiben"). Zur Bewertung der Leistung stehen graduell unterschiedliche Stufen zur Auswahl. Das reicht von „Anforderungen vollständig" über „teilweise" bis zu „nur mit Hilfe erfüllt". Selbstverständlich können weitere Zwischenschritte in die Palette aufgenommen werden. Die Fachlehrkraft setzt ein Kreuz in die passende Spalte. Es entsteht ein Kompetenzprofil, das Stärken und Schwächen der Arbeit detailliert widerspiegelt. Auf dieser guten Grundlage können Schüler ihre weiteren Lernschritte planen.

> **Tipp:** Auch formale Kriterien wie „Name und Datum vorhanden" in das Bewertungsraster mit aufnehmen: Leistungsschwache Schüler haben hier eine Möglichkeit zu punkten.

Bei allen Klassenarbeiten sollte der Fokus auf der **Lernentwicklung** des Schülers liegen. Der lange Zeit übliche Blick auf die Fehler („Was ist alles falsch?") muss sich wandeln zum Blick auf den individuellen Erfolg („Was hast du richtig gemacht?"). Der Schüler soll erkennen, was er dazugelernt und wo er sich weiterentwickelt hat. Die Schüler werden sich zunehmend auf die eigenen Leistungen konzentrieren, sie reflektieren und auf dieser Basis motiviert ihren weiteren Lernweg planen. Typische Überlegungen sind:

- „Ich kann Hauptsätze und Nebensätze erkennen und verbinden. Das war leicht. Jetzt übe ich Satzreihen und Satzgefüge".
- „In der einfachen Arbeit habe ich alle Fragen richtig beantwortet. Nächstes Mal versuche ich die Arbeit mit erhöhten Anforderungen."
- „Es fiel mir schwer, den Inhalt zusammenzufassen, weil ich mir die lange Geschichte nicht gut merken konnte. Ich werde beim Lesen jetzt immer Wichtiges unterstreichen und Zwischenüberschriften suchen".

Das Konkurrenzdenken tritt in den Hintergrund, es ist nicht mehr wichtig, wer besser oder schlechter in der Arbeit abgeschnitten hat, es geht um die Leistungsentwicklung des Einzelnen. Im Sinne dieser Sichtweise melden wir den Schülern nach einer Klassenarbeit zurück, welche Höchstpunktzahl für den Einzelnen möglich war und wie viele Punkte sie tatsächlich erreicht haben. Wenn Schüler ihre Ergebnisse untereinander vergleichen, kann jeder eine Punktzahl vorweisen. Nach einer Zeit der Gewöhnung wissen die Schüler, dass wenige

Punkte nicht unbedingt schlechter sind als viele Punkte. Ob ein Ergebnis gut oder schlecht ist, kann nur an der Differenz zwischen möglichen und erreichten Punkten abgelesen werden. Anhand eines Punkte-Noten-Spiegels kann jeder Schüler erkennen, welcher Note seine Punktzahl entspricht.

Die Schüler der gesamten Klasse erhalten eine Rückmeldung über ihre Leistungen in Form eines Bewertungsbogens. Auf dem Bewertungsbogen sind die Anforderungen detailliert formuliert und aufgeführt. Neben jeder Anforderung gibt es die Möglichkeit, einen Smiley anzukreuzen. Durch die verschiedenen Smileys erhalten die Schüler eine Rückmeldung über ihre erbrachten Leistungen.

Unter der tabellarischen Auflistung der Anforderungen steht die Gesamtbewertung der Leistung in Form einer Note oder eines Smileys. Hinter dem Smileysystem steht ein Punktesystem, durch welches Noten berechnet werden können (siehe Kopiervorlage Seite 144).

☺	☺	☺	☹
3 P	2 P	1 P	0 P

Abschließend können noch Tipps für die weitere Arbeit formuliert werden. Dies ist für die Schüler eine hilfreiche Rückmeldung, um sich weiterzuentwickeln. Jeder Bewertungsbogen wird von der Lehrkraft und den Eltern unterschrieben.

Zunehmend etablieren sich **Lernentwicklungsgespräche** als umfassendes Instrument der Leistungsrückmeldung. Schüler, Eltern und Lehrkräfte sitzen gemeinsam an einem Tisch. Zur Vorbereitung erhält der Schüler einen Bogen zur Selbsteinschätzung. Es geht um überfachliche und fachgebundene Kompetenzen. Der Schüler kreuzt an, wo er sich jeweils sieht: Ziel erreicht, teilweise erreicht, noch nicht erreicht. Die Lehrkräfte ergänzen ihre Einschätzung.

Die Punkte, an denen die Sichtweisen weit auseinanderliegen, werden intensiv im Lernzielgespräch aus unterschiedlichen Blickwinkeln betrachtet. Die Beteiligten tauschen sich aus: über ihre Beobachtungen während des zurückliegenden Lernwegs, über die erzielten Erfolge, mögliche Störungen oder förderliche Bedingungen des Lernprozesses sowie über Ideen für die weitere Planung.

Der Schüler setzt sich Ziele und erarbeitet gemeinsam mit den Pädagogen und seinen Eltern, welche Unterstützung er von diesen braucht und erhalten wird. Alle Parteien werden so aktiv und verantwortlich in die Lernentwicklung des Schülers einbezogen.

4. Zwei exemplarische Unterrichtsstunden

4.1 Einen Sachtext erfassen

Ziel dieser Einführung in die Einheit der Lernszenarien ist es, den Sachtext in Form eines **Zeitungsartikels** inhaltlich zu erfassen und die Fachbegriffe und unbekannten Wörter zu verstehen.

Zu Beginn wird die kooperative Übung „Bewegen und Reden" durchgeführt. Die Schüler erhalten Karten, auf denen Fragen rund um das Thema Internet gestellt werden. Als Hilfestellung können Antwortmöglichkeiten auf den Karten stehen. Bei dieser Übung bewegen sich die Schüler durch den Raum und sprechen mit Mitschülern – unter Zuhilfenahme der Karten – über das Internet. Erste Verbindungen vom Thema zu ihrer Lebenswelt werden aufgebaut.

Den ersten Kontakt zu dem Zeitungsartikel erhalten die Schüler nur über den auditiven Kanal. Der Artikel wird durch die Lehrkraft vorgelesen und die Schüler haben die Aufgabe, aufmerksam zuzuhören.

Es folgt eine Phase „Denken – Austauschen – Beraten". Die Schüler sollen sich mit der Fragestellung auseinandersetzen: „Ist mein Internetkonsum ausgeglichen?". Hierdurch wird der Bezug zu ihrer Lebenswelt intensiviert; die Schüler befinden sich in der ersten kleinen Diskussion. Sprachunterricht hat immer etwas mit Sprechen zu tun. Im Anschluss daran wird der Zeitungsartikel von der Lehrkraft erneut vorgelesen; die Schüler unterstreichen beim Mitlesen unbekannte Begriffe mit dem Bleistift.

In der folgenden Gruppenarbeit sollen die Schüler die Bedeutung der Begriffe mit Hilfe von Lexika, Wörterbüchern und/oder dem Internet klären und in einem vorbereiteten Glossar notieren. Im Plenum werden verbliebene Unklarheiten besprochen.

Jetzt wird der Text ein weiteres Mal von der Lehrkraft vorgelesen und die Schüler lesen mit. Es fällt ihnen nun leichter, die Schlüsselbegriffe des Textes mit einem Buntstift zu unterstreichen. Die lernschwächeren Schüler erhalten die Arbeitsblätter mit dem Zeitungsartikel, in dem die Hauptwörter eines jeden Abschnitts schon markiert sind. Die Schüler haben nun die Aufgabe, passende Schlüsselbegriffe zu unterstreichen. Als erweiterte Hilfestellung kann eine Liste mit den Wörtern verteilt werden, so dass die Schüler die Begriffe im Text finden und unterstreichen müssen.

Eine kleine Übung (Kegeln) lockert die Textarbeit auf. Die Klasse wird in zwei Mannschaften geteilt und die Schüler setzen sich auf die Tische. Hierdurch haben die Schüler über das Spiel hinweg einen Überblick über verbliebene Gegner und sie sind etwas in Bewegung.

Ein Rollstuhlfahrer kann auch in dieser Variante eingebunden werden. Der betreffende Schüler sitzt neben seinen Mitschülern in der Gruppe und erhält ein visuelles Signal, wie zum Beispiel eine Fahne, die er bei Bedarf hoch halten oder herunter nehmen kann. Ein Schüler wird gezogen und dieser sucht sich einen ebenbürtigen Gegner. Die Lehrkraft nennt eine Definition eines Begriffs. Der Schüler, der zuerst den korrekten Begriff nennt, gewinnt die Runde und sucht sich den nächsten Gegner aus.

Im nächsten Schritt teilen die Schüler den Text in sinnvolle Abschnitte ein und finden zu jedem Abschnitt eine Überschrift. Hierdurch erarbeiten sich die Schüler den Inhalt des Textes und können ihn in eigenen Worten wiedergeben.

Die lernschwächeren Schüler erhalten eine Hilfekarte, auf der die entsprechenden Zeilenangaben angegeben sind. Nun ist die Grundlage geschaffen, eine

Unterrichtsschritte	Inhalte, Materialien, Aufgaben	Aktivitäten der Schüler/ Pädagogen
Sopäd. = Sonderpädagogin; FL = Fachlehrerin; SuS = Schülerinnen und Schüler EA = Einzelarbeit; PA = Partnerarbeit; DAB = Denken, Austauschen, Beraten		
Einstieg	Bewegen und Reden (Internet)	Sopäd. macht den Einstieg; FL unterstützt die SuS.
Erarbeitung I	Vorlesen	FL liest vor; SuS hören zu.
	DAB	Sopäd. leitet die Übung an.
Erarbeitung II	Mitlesen	FL liest vor; SuS lesen mit und unterstreichen unbekannte Begriffe.
	Gruppenarbeit: Klärung der unbekannten Begriffe, Anlegen eines Glossars	FL und Sopäd. sind Lernberater; SuS arbeiten in der GA.
	Schlüsselbegriffe unterstreichen	FL und Sopäd. sind Lernberater; SuS arbeiten in der EA.
	Kegeln	FL leitet die Übung an; Sopäd. unterstützt die SuS.
	Abschnitte und Überschriften finden	FL und Sopäd. sind Lernberater; SuS arbeiten in der EA.
	Mindmap	FL und Sopäd. sind Lernberater; SuS arbeiten in der PA.
Ergebnissicherung	Präsentation der Mindmap	SuS präsentieren ihre Arbeitsergebnisse.

Mindmap zu dem Zeitungsartikel zu erstellen. Bei Bedarf wird deren Struktur vorgegeben, so dass die Schüler dort die Hauptwörter und Schlüsselbegriffe eintragen können. Diese Aufgabe kann auch in Partnerarbeit erledigt werden.

Als nächstes werden die Partner für die Partnerarbeit verkündet und die Aufgabenstellungen vorgestellt. Dann arbeiten die Schüler selbstständig.

Die Aufgabenverteilung im multiprofessionellen Team wird je nach Lerngruppe verteilt. Es kommt auch darauf an, auf welche Konstellation der Zusammenarbeit sich die Teammitglieder vorher verständigt haben.

4.2 Grammatik: Satzglieder einführen

Die Einstiegsstunde in das Thema Satzglieder übernimmt die Sonderpädagogin. Sie beginnt mit einem einfachen offenen Impuls, der jedem Schüler einen Gesprächsbeitrag ermöglicht. Die Beiträge werden an der Tafel gesammelt. Leistungsschwache Schüler haben hier eine gute Möglichkeit für ein Erfolgserlebnis gleich zu Stundenbeginn. Die Fachlehrkraft beobachtet währenddessen die Lerngruppe und achtet auf die Einhaltung der Melderegeln. Sie hält sich dabei in der Nähe von *Kemal* und *Emma* auf. Bei Bedarf hilft sie den beiden, einen Wortbeitrag zu finden, und ermuntert sie, sich zu melden.

Auch in der zweiten Phase bleibt die Rollenverteilung gleich, die Sonderpädagogin vor und die Fachlehrerin in der Lerngruppe. Die Ergebnissammlung wird an der Tafel anhand eines Beispielsatzes strukturiert. Vom Inhalt her ist es eine Wiederholung, die Mitarbeit sollte den Schülern leicht fallen. Begriffe wie Nomen, Verb, Adjektiv werden den Wörtern des Satzes zugeordnet, Satzzeichen in einer gesonderten Reihe gesammelt. Alle Schüler schreiben Beispielsatz, Begriffe und Satzzeichen in das Schreibheft. Die Fachlehrkraft unterstützt dabei.

Die Erarbeitungsphase wird von der Fachlehrerin durchgeführt. Sie hat die Wörter „Peter hat einen Hund" einzeln auf je ein DIN-A4-Blatt geschrieben und gibt sie Schülern in die Hand. Diese führen Umstellproben durch. Der Begriff Satzglied wird eingeführt und an der Tafel festgehalten. Zur Übung folgen zwei weitere Beispiele nach gleichem Muster und direkt darunter geschrieben. *Kemal* und *Emma* können sich am oberen Beispiel orientieren und äquivalent zu „einen Hund" nun „einen Computer" unterstreichen.

Nach einer fachlichen Erweiterung (Subjekt, Prädikat, Objekt, Frage nach ...) mit wachsendem Schwierigkeitsgrad wird von der Tafel abgeschrieben. Die Fachlehrerin kennzeichnet für *Emma* zwei Sätze als Pflichtaufgabe. *Kemal* bekommt Unterstützung von der Sonderpädagogin, die einen Satz mit ihm auswählt. Anschließend sorgt sie dafür, dass er die wesentlichen Begriffe mit für ihn verständlichen Ergänzungen aufschreibt (Subjekt – Nomen – Namenwort usw.), damit *Kemal* alle Übungsmaterialien aus der Lerntheke nutzen kann.

Zur Vertiefung stehen Materialien unterschiedlicher Niveaustufen in der Lerntheke bereit. Beide Pädagoginnen unterstützen bei Bedarf alle Schüler bei der Auswahl von Aufgaben und geben Hinweise zum richtigen Arbeiten. Erlaubt sind Einzel-, Partner- oder Kleingruppenarbeit.

Emma arbeitet mit ihrer Tischnachbarin, *Christian* lieber allein. Beide Pädagoginnen bieten sich an, als *Kemal* keinen Mitspieler für ein Lernspiel findet. *Kemal* entscheidet sich für die Fachlehrerin. Die Sonderpädagogin kümmert sich um die restliche Lerngruppe.

In der beschriebenen Stunde arbeiten Fachlehrerin und Sonderpädagogin als Team. Sie wechseln sich in den Funktionen Unterrichten und Unterstützen ab und zeigen sich für alle Schüler und alle Übungen zuständig. Die Schüler erleben ein gleichberechtigtes Tandem mit einvernehmlich verteilten Aufgaben. Es ist deutlich, dass eine Kollegin die verantwortliche Expertin für das Fach Deutsch ist, die andere Expertin für Lernprobleme aller Art.

Die Materialien in der Lerntheke wurden von beiden Pädagoginnen zusammengetragen. Aufgaben mit regulären bis höheren Anforderungen steuert tendenziell die Fachlehrkraft, alles andere die Sonderpädagogin bei. Für differenziertes Übungsmaterial, das den Zielen eines individuellen Förderplanes entspricht, wäre die Sonderpädagogin zuständig.

Unterrichtsschritte	Inhalte, Materialien, Aufgaben	Aktivitäten der Schüler/ Pädagogen
Einstieg	Offener Impuls: Was ist ein Satz? Ergebnissammlung an der Tafel	Sopäd. unterrichtet; FL beobachtet, unterstützt.
Vertiefung	Nomen, Verben, Adjektive erarbeiten, dem Beispielsatz zuordnen, Tafelarbeit.	So.päd. unterrichtet; Fachlehrkraft unterstützt. Schüler schreiben Beispiele ab.
Erarbeitung	Satzglied einführen, Wortkarten-Tausch-Spiel durchführen. Ergebnisse an Tafel.	FL unterrichtet; So.päd. beobachtet, unterstützt, hat Emma und Kemal im Blick.
Vertiefung	Lerntheke Offenes Arbeiten	FL und So.päd. beraten bei Aufgabenauswahl, stehen als Lernberater/Unterstützer zur Verfügung.

5. Probleme und Stolpersteine des inklusiven Deutschunterrichts

5.1 Probleme durch die Rahmenbedingungen

Im inklusiven Deutschunterricht können aus besonderen Gegebenheiten einer bestimmten Lerngruppe oder der Schulorganisation Probleme entstehen. Es ist sinnvoll, aus der jeweiligen Situation heraus dafür individuelle Lösungen zu entwickeln.

Daneben muss sich der inklusive Deutschunterricht mit weiteren, eher generellen Problemen auseinandersetzen, von denen manche einer Lösung zugeführt werden können, während für andere ein möglichst guter Umgang damit zu gestalten ist. Diese Probleme lassen sich vier Feldern zuordnen:

- Personen,
- Materialien,
- Räumlichkeiten und
- behördliche Vorgaben.

Die hier anzutreffenden Einstellungen und Emotionen, organisatorischen Bedingungen und schulrechtlichen Vorgaben wirken in den Unterricht hinein, können gelegentlich Friktionen verursachen und den Unterrichtsverlauf beeinträchtigen.

Im Bereich Personen geht es um *Lehrkräfte, Schülerinnen* und *Schüler* und *ihre Eltern.*

Lehrkräfte

Lehrkräfte sind Planer und Durchführende des Unterrichts. Sie stellen somit die tragenden Säulen des inklusiven Deutschunterrichts dar. Für das Fach Deutsch sind sie in allen Aspekten Experten. Diese **Expertise** gilt es im inklusiven Sinne zu erweitern.

Im Deutschunterricht geht es um Sprache in vielfältiger Form. Alle Schüler sollen mit ihren unterschiedlichen Kompetenzen und Förderbedarfen zu einem bestimmten Thema miteinander kommunizieren. Die Lernziele des Faches Deutsch sowie die differenzierten Lernziele der Schüler mit sonderpädagogischem Förderbedarf müssen erreicht werden unter Beachtung der individuellen Förderpläne der letztgenannten Gruppe.

Wesentlich ist auch eine **offene Einstellung zur Inklusion** auf Seiten der Lehrkräfte. Fehlt die innere Bereitschaft, sich auf das gemeinsame Lernen von Schülern mit und ohne Handicap einzulassen, dann besteht die Gefahr, dass die

Deutschlehrkraft sich nicht für alle Schüler verantwortlich fühlt. In der Folge entstehen häufig Zwei-Gruppen-Systeme: die „richtigen" Deutschschüler und die „Inklusionsschüler".

Ein Hemmschuh sind Überlegungen wie: „Wenn meine Schüler alle lesen könnten ... Wenn mehr leistungsstarke Schüler dabei wären ... Wenn mehr Zeit in Doppelbesetzung da wäre ..."

Die Gegebenheiten sind, wie sie sind. Grundlegende Änderungen können nur politisch herbeigeführt werden und das ist ein langer Weg. Sie benötigen Humor und Mut zum Abenteuer bei der Inklusion. Auf dieser Grundlage werden Sie mit den vorhandenen Mitteln die Unzulänglichkeit des alltäglichen inklusiven Unterrichts weitgehend bewältigen.

Schüler und Eltern

Eltern von Schülern mit sonderpädagogischem Förderbedarf erwarten oftmals, dass der Besuch einer Regelschule automatisch zu einem regulären Schulabschluss führt. Sie fordern Normalität ein für ihr Kind, worunter sie die gleichen Ziele, Arbeitsmaterialien und Benotungen verstehen, wie es sie für die anderen Kinder gibt. Sie suchen regelmäßig, manchmal sogar ausschließlich das Gespräch mit den Fachlehrern. Als Lehrkraft für das Hauptfach Deutsch ist es dann Ihre Aufgabe, den Eltern dabei zu helfen, ihr Kind und seinen Leistungsstand **realistisch wahrzunehmen**. Das bedeutet einen zusätzlichen Zeitaufwand.

Schüler mit sonderpädagogischem Förderbedarf in den Bereichen *Lernen* und *Geistige Entwicklung* können ihr Leistungsvermögen oft nicht realistisch einschätzen. Sie fühlen sich normal, erleben aber im täglichen Vergleich, dass sie anders sind. Sie bekommen differenziertes Material, vereinfachte Aufgabenstellungen und trotz aller Anstrengung nicht die gleiche Benotung wie die anderen. Entweder erhalten sie gar keine oder pädagogische Noten.

Ihre verminderte Leistung wird ihnen so in frustrierender Form vor Augen geführt. Hohe Leistungsanforderungen der Eltern können erschwerend hinzukommen. Eltern können den individuellen Leistungsstand ihres Kindes im Verhältnis zu den Jahrgangsanforderungen und dem Leistungsniveau der Lerngruppe schlecht einschätzen. Sie sehen, dass ihr Kind genau wie andere Schüler eine Heftseite als Personenbeschreibung zu einer Figur aus der Lektüre geschrieben hat. Sie können nicht erkennen, dass ihr Kind „nur" die von der Gruppe gemeinsam erarbeiteten Stichpunkte sorgfältig von den Karteikarten abgeschrieben hat, der andere Schüler hingegen selbstständig Informationen aus dem gesamten Buch zusammengetragen und mit eigenen Worten formuliert hat.

Um für mehr **Transparenz** zu sorgen, können differenzierte Tests als solche gekennzeichnet werden. Es kann auch hilfreich sein, wenn Sie eine undifferenzierte Fassung mit den jahrgangsangemessenen Leistungsanforderungen bei der Rückgabe hinzufügen. Das erleichtert den Eltern einen Vergleich, garantiert aber nicht das Verstehen der unterschiedlichen Niveaustufen.

In der eigenen Praxis haben wir positive Erfahrungen mit kompetenzorientierten Leistungsrückmeldungen gemacht. Auch sehr kleine Lernfortschritte können so dokumentiert und wertgeschätzt werden (siehe hierzu auch Kapitel 3.17 Leistungsmessung und -bewertung).

Für manche Eltern ist es ein langer und oft schwerer Weg, bis sie ihr Kind in seinem individuellen So-Sein wahrnehmen und akzeptieren können. Pädagogen können sie dabei unterstützen.

Die emotionalen Probleme der Schüler, die eine große Diskrepanz zwischen Selbsteinschätzung und tatsächlicher Leistungsfähigkeit aufweisen, wirken sich mit der Zeit negativ auf ihr Leistungsverhalten aus. Wir haben wiederholt erlebt, dass die Schüler sich dann im Deutschunterricht nicht mehr zeigen mögen. Sie beteiligen sich nicht mehr an Tafel- oder Smartboard-Übungen, lesen nicht mehr vor und verweigern die Teilnahme an Ritualen.

Manche Schüler sehen für sich die Lösung darin, dass sie die differenzierten Übungen ablehnen und das „normale" Arbeitsmaterial einfordern. Wenn sie dann erleben, dass sie die Aufgaben nicht verstehen, verstärkt sich die Enttäuschung. Der inklusive Deutschunterricht kann mit einer wertschätzenden Haltung für individuelle Leistungen Raum geben und diese einbeziehen. So können Sie im inklusiven Sinne zur Entwicklung eines kompetenzorientierten Selbstbildes des Schülers beitragen.

Materialien

Unterrichtsmaterialien wie Lehrwerke und Übungshefte sind noch nicht hinlänglich auf den inklusiven Deutschunterricht eingestellt. Inklusive Materialien werden erst in sehr geringer Zahl von den Verlagen angeboten. Auch ergänzende Übungsmaterialien, die dem Schüler ein weiteres schriftliches Training bestimmter Kompetenzen ermöglichen, gibt es kaum zu kaufen. In der Vorbereitung des gemeinsamen Deutschunterrichts müssen differenzierende

Materialien zu den Themen deshalb mit viel Zeitaufwand selbst hergestellt werden. Sie sind dann allerdings mehrfach nutzbar.

Unterrichtsräume

Die methodischen Möglichkeiten des inklusiven Deutschunterrichts werden durch enge Unterrichtsräume und fehlende Differenzierungsräume deutlich eingeschränkt. Auf Stillarbeitsecken, einen Extratisch für spontane Gruppenarbeit und ausreichende Auslageflächen für Wochenplan- oder Werkstattaufgaben muss dann verzichtet werden. Auch die Präsentationsflächen an den Wänden sind begrenzt.

Sprech- und Vorleseaufgaben erfordern in Phasen eigenständigen Übens äußerste Konzentration von Schülern und Pädagoginnen, um sich nicht von den Stimmen der anderen ablenken zu lassen.

Wenn alle still arbeiten, werden individuelle Erklärungen der Doppelbesetzung für die Schüler mit Förderbedarfen leicht zum Störfaktor, der Mitschüler an der Konzentration hindert.

Leseförderung im gleichen Raum ist im Rahmen des gemeinsamen Deutschunterrichts kaum möglich, da stimmhaftes Lesen andere Schüler bei der Arbeit stört.

Behördliche Vorgaben

Behördliche Vorgaben setzen der inklusiven Arbeit Grenzen. Sowohl die zugestandene personelle Ausstattung mit Sonder- und Sozialpädagogen als auch die mangelnde Entlastung für vermehrte Kooperationszeiten im Team sind problematisch. Die Anzahl der doppelt besetzten Stunden reicht nicht, um den realen Unterstützungs- und Förderbedarf der betreffenden Schüler abzudecken.

Eine erfolgreiche Teamarbeit setzt auch im inklusiven Deutschunterricht regelmäßige Kooperationssitzungen voraus. Die Fachlehrkraft muss mit der Sonderpädagogin und der Sozialpädagogin in regelmäßigem Austausch stehen. Dafür wird behördlicherseits keine Entlastungszeit gewährt, alles muss zusätzlich geleistet werden. Die Gefahr ist groß, dass dadurch die interprofessionelle Kommunikation stark eingeschränkt wird. Diese unbefriedigende Situation kann eine Qualitätsminderung des Unterrichts zur Folge haben.

5.2 Stolpersteine im Unterricht

Im inklusiven Deutschunterricht treten viele Stolpersteine auf, die größtenteils auf die oben beschriebenen Probleme zurückzuführen sind. Wir wollen hier konkret Lösungsideen aufzeigen oder aus eigener Praxis Wege für einen guten Umgang mit dem jeweiligen Stolperstein beschreiben.

Hoher Arbeitsaufwand bei der Unterrichtsvorbereitung

Wir empfehlen Ihnen eine arbeitsteilige Zusammenarbeit mit allen Deutschlehrkräften und Doppelbesetzungen des Jahrganges, in dem Sie unterrichten. Wenn jedes Team ein Thema des Jahrescurriculums einschließlich differenzierter Fassungen und der Leistungstests vorbereitet, verteilt sich die Arbeit auf viele Personen. Das führt zu einer deutlichen Entlastung für alle Pädagogen.

In einzelnen Fällen ist eine weitere Individualisierung der Übungen für bestimmte Schüler noch erforderlich. Mit geringem Aufwand können dann die meist in digitaler Form vorliegenden Dateien oder Kopiervorlagen entsprechend überarbeitet werden.

Geben Sie gelungene Unterrichtsmaterialien an den Nachfolgejahrgang weiter. Die Kollegen freuen sich über erprobte Vorlagen und müssen das Rad nicht immer wieder neu erfinden.

Zu wenig Anwesenheit des Sonderpädagogen im Unterricht

Auch bei Abwesenheit des Sonderpädagogen kann eine angemessene Förderung sichergestellt werden. In regelmäßigen Absprachen und Beratungen werden Ideen zur pädagogischen Förderung entwickelt, die von der Fachlehrkraft umgesetzt werden können. Individualisierende Materialien können von allen beteiligten Pädagogen erstellt oder besorgt werden und an einem festen Ort, z. B. in einem Regal, bereit liegen. Das kann zum Thema oder zu den individuellen Förderzielen passendes Übungsmaterial sein. Das Fördermaterial ist den Schülern und der Fachlehrkraft bekannt und wird bei Bedarf genutzt.

Dazu ein Tipp aus unserer eigenen Praxis: Am Schuljahresanfang verteilt der Sonderpädagoge ein **Fördertelegramm** an alle Fachlehrer. Darin werden stichwortartig zu jedem Schüler der Förderschwerpunkt, die aktuellen Stärken und Schwächen sowie Hinweise und konkrete Beispiele für allgemeine Fördermöglichkeiten genannt. Für *Kemal* wird z. B. vorgeschlagen, dass er schwerpunktmäßig Nomen und Artikel untersuchen soll. Er kann in einem Text alle großgeschriebenen Wörter unterstreichen, abschreiben und prüfen, ob ein Artikel davor passt. Als Textgrundlage dient der von allen bearbeitete Text oder eine Alternative aus dem Förderregal.

Das Fördertelegramm kann, muss aber nicht von den Fachlehrkräften umgesetzt werden. Es vermittelt eine Vorstellung von Leistungsstand und Lernweg eines Schülers und stellt somit eine gute Grundlage für Fachlehrkräfte dar, um eigene Lernangebote für diesen Schüler zu planen.

Während das Fehlen des Sonderpädagogen von der Fachlehrkraft eher als Belastung wegen der zusätzlichen Verantwortung und Arbeit erlebt wird, empfinden die Schüler meist ein Gefühl von Normalität. Die Fachlehrkraft ist da, der Unterricht findet statt. Im Selbstverständnis von gegenseitiger Unterstützung und Wertschätzung arbeiten und lernen die Schüler auch ohne Sonderpädagogen einfach weiter.

Schüler ohne Lese- und Schreibkompetenz

Schüler, die noch nicht oder nur eingeschränkt lesen und schreiben können, benötigen intensive Unterstützung, um am gemeinsamen Lernen sinnvoll teilzuhaben. Das müssen Sie bei der Unterrichtsplanung unbedingt bedenken.

Die erforderliche Hilfe kann durch die Doppelbesetzung oder durch Mitschüler geschehen. Hörbücher oder persönliches Vorlesen sind hilfreich, wenn es um Lektüren geht. Das Vorgehen bei schriftlichen Übungen ist vom Einzelfall abhängig. Aus eigener Praxis wissen wir, dass das Abschreiben von Modelltexten sinnvoll sein kann, auch wenn es eher ein Abmalen der Buchstabenformen ist. Der Jugendliche sieht sich in seinem „Job" als Schüler ernstgenommen: Genau wie alle anderen muss er eine Schreibaufgabe erledigen. Daraus entwickelt sich bald der Wunsch, den zu schreibenden Text auch zu verstehen. Lesekompetenz bekommt einen positiven Wert und fördert so die Bereitschaft zum Üben.

Manche Schüler sind stolz, wenn sie die Fotokopie eines von Klassenkameraden geschriebenen Textes erhalten und in ihr Heft kleben dürfen. Oder die Doppelbesetzung bzw. ein Mitschüler stellt sich als Sekretär zur Verfügung und schreibt nach Angaben des Schülers. Eine andere Möglichkeit ist, die schriftliche Übung so aufzubereiten, dass die Lösungswörter oder -sätze in Lücken geklebt oder von einer Vorlage abgeschrieben werden.

Lassen Sie Schüler, die noch nicht oder nur in Ansätzen lesen und schreiben können, die Zeit entsprechend dem individuellen Förderplan für Trainingsaufgaben zur Entwicklung von Lese- und Schreibkompetenzen nutzen. Das ist sinnvoll, denn mit der Vollendung des Schriftspracherwerbs gewinnen die Schüler ein großes Maß an Selbstständigkeit. Mit wachsenden Lese- und Schreibfertigkeiten können Sie diese Schüler zunehmend in alle Bereiche des gemeinsamen Unterrichts einbeziehen.

In allen verbalen Unterrichtsphasen können auch Schüler ohne Lese-/Schreibkompetenzen zu angemessenen Fragestellungen ihren mündlichen Beitrag leisten.

Schüler lehnen individualisiertes Material ab

Wenn Schüler die für sie bestimmten differenzierten Materialien ablehnen, sollten Sie das akzeptieren. Manchmal werden die allgemeinen Aufgaben durchaus auf einfache Art bewältigt. Irgendwann werden die Schüler an ihre Grenzen stoßen und merken, dass sie ohne zusätzliche Hilfe die Übungen nicht mehr bearbeiten können. Das ist eine wichtige Erfahrung auf dem Weg zu einem realistischen Selbstbild. Zu erkennen, dass das eigene Leistungsvermögen nicht dem der Mitschüler entspricht, ist ein anstrengender, schwieriger und schmerzhafter Prozess. Auch Schüler mit Lernversagen sehen sich als normale Schüler. Sie wollen nicht „anders" sein.

Besonders in den Jahrgängen 9 und 10, wenn die Vorbereitungen für die Schulabschlussprüfungen im Fokus des Deutschunterrichts stehen, kann es bei einzelnen Schülern zu einem enttäuschenden Gefühl von Andersartigkeit oder Versagen kommen. Auf Wunsch der Familie melden sich viele dieser Schüler zur freiwilligen Teilnahme bei den Schulabschlussprüfungen an. Diesen Schritt sollten Sie unbedingt akzeptieren und unterstützen, ist er doch für die Selbstachtung der Jugendlichen bedeutsam. In den schriftlichen Prüfungen ist das Anspruchsniveau meist unerreichbar, aber in den mündlichen Prüfungen erzielen die Schüler zumindest Achtungserfolge. Manche Teilleistung kann sogar bewertet werden und in erfreulich vielen Fällen wird die komplette mündliche Prüfung ganz normal zu benoten sein.

> **Tipp:** Wird das differenzierte Übungsmaterial von Beginn an allen Schülern zur Verfügung gestellt und gelegentlich auch zugeteilt, erhöht dies die Wertigkeit der Materialien und nimmt ihnen den stigmatisierenden Charakter.

Fehlende differenzierte Arbeitsmaterialien

Es ist ein langer Weg, bis die Deutsch-Fachsammlung zu jedem Thema des Schulcurriculums Texte und Übungsmaterialien auf verschiedenen Anforderungsniveaus sowie genügend Materialien für zieldifferentes Lernen bereithält. Bis dahin gilt es, den inklusiven Unterricht in der heterogenen Lerngruppe mit guter Organisation so vorzubereiten, dass alle Schüler angemessen lernen können und sich die Belastungen in Grenzen halten. Wichtig sind Lernsettings, die Ihnen als Lehrkraft im Unterricht Raum lassen für Beobachtungen oder Einzelhilfen.

Offene Arbeitsaufträge sind von sich aus differenzierend, ohne dass zusätzliches Übungsmaterial benötigt wird. Sie zielen nicht auf eine bestimmte Antwort oder Vorgehensweise als Lösung ab, sondern ermöglichen es jedem Schüler, seine individuellen Fähigkeiten und kreativen Ideen in die Bearbeitung einzubringen.

Es macht Schülern Spaß,

- sich in den Protagonisten einer Geschichte hineinzuversetzen und der Geschichte an einer spannenden Stelle eine Wendung zu geben,
- einen neuen Schluss für die Geschichte zu schreiben,
- eine E-Mail aus der Sicht des Protagonisten an eine andere Person bzw. aus der eigenen Sicht eine E-Mail an den Protagonisten zu schreiben,
- einen Tagebucheintrag zu einem wichtigen Ereignis zu verfassen,
- etwas aus dem eigenen Erfahrungshorizont zu dem Thema einer Geschichte beizusteuern.

Weitere Beispiele für offene und unaufwändige Aufgabenstellungen sind das Betrachten einer Gedichtstruktur, das Klatschen des Rhythmus zu einem Gedicht oder eine Drei-Spalten-Tabelle (Pro, Kontra, Warum?) für das Sammeln von Argumenten bei Erörterungen.

Diese Beispielaufgaben eignen sich gleichermaßen für Lektüren aller Art, für Gedichte und Balladen und für viele andere Themen im Deutschunterricht. Auch die Arbeit an Sachtexten lässt sich mit Hilfe offener Arbeitsaufträge gut individualisieren.

> **Tipp:** Ein Text über die Lebensbedingungen von Zootieren kann dazu anregen, ein fiktives Interview mit dem Löwen zu machen oder eigene Eindrücke vom letzten Zoobesuch aufzuschreiben.

Offene Arbeitsaufträge führen zu individuellen Arbeitsergebnissen. Diese lassen sich manchmal nur bedingt nach allgemein formulierten Kriterien beurteilen und erfordern dann eine individualisierte Bewertung.

An dieser Stelle wird noch einmal der Sinn einer strukturierten Zusammenarbeit im Jahrgang deutlich. Wenn sich viele Kollegen die Vorbereitungen für differenzierte Übungsmaterialien und Leistungstests teilen, hat der Einzelne deutlich weniger Arbeit. Es bedeutet dann nur noch einen verhältnismäßig geringen Aufwand, um für bestimmte Schüler die Differenzierungen zu verfeinern. Denkbar ist auch, eine Kollegin oder einen Kollegen mit der Funktion zu betrauen, schwerpunktmäßig differenzierte Deutsch-Übungsmaterialien für den Jahrgang auszuarbeiten, und diese Person hierfür mit entsprechender zeitlicher Entlastung auszustatten.

Raumprobleme: wenig Platz und fehlende Ausstattung

Oft sind die Klassenräume klein und es fehlt an zusätzlichen Differenzierungsräumen. Trotz dieser schwierigen Rahmenbedingungen gibt es nach dem Motto „pragmatisch und flexibel" trotzdem geeignete Organisationsformen.

Für die inklusive Arbeit gut geeignete Methoden wie Stationsarbeit und Werkstattunterricht, die ein bestimmtes Platzangebot erfordern, lassen sich mit einer Grundausstattung an Boxen, Ablagekörben im DIN-A4-Format oder Ähnlichem realisieren.

> **Tipp:** Wir verwenden die Deckel von Kopierpapierkartons. Sie werden mit Schildern in fortlaufender Nummerierung beklebt. Das können auch Zeichen wie Sonne, Mond und Stern, Farben oder Angaben wie S, M, L, X, XL sein. Die Übungsaufgaben werden in die Kästen verteilt.

Es empfiehlt sich, die Niveaustufen nach wechselnden Aspekten einzuordnen. So sollten die leichten Aufgaben nicht immer nur bei S liegen, sondern auch mal bei XL oder M. Die Kästen werden am Stundenanfang je nach Platzmöglichkeit im Raum verteilt: auf einem leeren Schülertisch, auf der Fensterbank oder in einer ruhigen Ecke auf dem Fußboden. Am Ende der Stunde werden die Kästen aufeinandergestapelt, in eine große Kiste gelegt und im Klassenraum an einem vereinbarten Ort aufbewahrt. Die Kästen werden am Ende einer Unterrichtseinheit geleert, manchmal an andere Fächer ausgeliehen und bei der nächsten Stationsarbeit wieder genutzt.

Manchmal sind einzelne Schüler von der Fülle an Reizen in der Gesamtgruppe überfordert. Dann ist es sinnvoll, den Schüler allein in einer abgeschirmten Ecke an einem Tisch arbeiten zu lassen. Ist das im Unterrichtsraum nicht möglich, kann es schon helfen, einen Tisch und einen Stuhl vor die geöffnete Tür auf den Flur zu stellen.

Es ist wünschenswert, dass in jeder Klasse ein bis zwei möglichst **reizarme Arbeitsplätze**, ohne Sichtkontakt zur Gruppe, vorhanden sind. Werden Klassenschränke mit der Schmalseite an die Wand gestellt, lässt sich gut dahinter ein Tisch mit Blickrichtung auf die Rückwand platzieren. Schon ist ein Arbeitsplatz gewonnen, der die Konzentration erleichtert.

Auch **Gehörschutzsets**, wie Bauarbeiter sie tragen, unterstützen reizoffene Schüler beim konzentrierten Arbeiten. Geräusche werden gedämpft oder ganz weggefiltert. Sie sehen aus wie Kopfhörer, sind in leuchtenden Farben gehalten und sehr beliebt. Die Sets werden griffbereit aufbewahrt und können von allen Schülern bei Bedarf genommen werden. Baumärkte bieten die Gehörschützer in allen Preisklassen an. Beim Kauf sollte darauf geachtet werden, dass die Ohrteile mit glatter und weicher Folie bezogen sind, damit sie nicht schmerzhaft an den Haaren ziepen.

Merksätze, das Gedicht des Monats, die Pro-Kontra-Tabelle zur Erörterung und viele andere Ergebnisse aus dem laufenden Unterricht werden gern an den Wänden präsentiert. Ist der Platz begrenzt, so müssen auch die **Wandausstellungen** gut geplant werden. Eine mögliche Lösung ist es, den Raum zu strukturieren und jedem Kernfach eine bestimmte Fläche zuzuweisen. Es gilt abzuwägen, welche Inhalte nur für die Dauer des Themas oder aber langfristig aushängen sollen.

Die Personenbeschreibung einer Protagonistin der Klassenlektüre sollte nach dem Abschluss des Buches nicht mehr aushängen, hingegen können die Schritte einer Lesestrategie durchaus ihre Aktualität behalten. Schüler können gut in diese Überlegungen eingebunden werden. Die Diskussion über zu entfernende Materialien bringt noch einmal wichtige thematische Aspekte in Erinnerung. Denkbar ist auch die Einrichtung eines Archivs.

Reicht der Platz nicht aus für die Präsentation von Schülerarbeiten, sind **mobile Stellwände** eine gute Möglichkeit zur Flächenerweiterung.

Christian, der sehr reizoffen und leicht ablenkbar ist, profitiert von einer ruhigen Gestaltung des Klassenraums. Wenn weniger Reize auf ihn einstürmen, kann er sich besser konzentrieren.

Name: _____ Klasse: _____ Datum: _____

Fünf-Finger-Methode

Aufgabe:
Auf diesem Blatt kannst du deinen Unterricht bewerten.
Lies die Satzanfänge.
Ergänze die Sätze so, dass sie deine Meinung wiedergeben.
Du kannst auch Stichwörter aufschreiben.

Ich fand besonders gut: _____

_____

Diesen wichtigen Hinweis habe ich erhalten: _____

_____

_____

Das habe ich gelernt: _____

_____

_____

Dies hat gut geklappt: _____

_____

_____

Dies hat nicht gut geklappt oder gefehlt: _____

_____

Name: _____ Klasse: _____ Datum: _____

Konjunktiv, Teil 1

Aufgabe: Was sagen Ali und Lea?
Schreibe die Sätze in der indirekten Rede auf.
Im Kasten unten findest du alle Verbformen im Konjunktiv,
die du brauchst.

Beispiel:
Die Idee **ist** gut.
Ali sagt, die Idee **sei** gut.
Ali
Lea

Ali: „Der Hund hat Flöhe."
Lea: „Ali sagt, _____."

Lea: „Die Musik ist zu laut."
Ali: „Lea sagt, _____."

Lea: „Das Rad kann nicht repariert werden."
Ali: „Lea sagt, _____."

Ali: „Tamer darf neben mir sitzen."
Lea: „Ali sagt, _____."

Lea: „Sina redet immer im Unterricht."
Ali: „Lea sagt, _____."

Ali: „Ich muss noch einkaufen."
Lea: „Ali sagt, _____."

könne – habe – rede – müsse – sei – dürfe

Name: _____ Klasse: _____ Datum: _____

Konjunktiv, Teil 2

Aufgabe: Wandle die direkte Rede in die indirekte Rede um.
Verwende den Konjunktiv.

Sie sagt: „Der gegnerische Torwart ist sehr gut."

Sie sagt, _____.

Er sagt: „Der Hund hat schon wieder Flöhe."

Er sagt, _____.

Sie sagt: „Dieser Sportler kann unglaublich schnell laufen."

Sie sagt, _____.

Sie sagt: „Mein Sohn darf spannende Filme sehen."

Sie sagt, _____.

Er sagt: „Ich wohne seit Januar in Hamburg."

Er sagt, _____.

Er sagt: „Der Busfahrer redet laut mit der alten Dame."

Er sagt, _____.

Sie sagt: „Der Notarzt muss sich beeilen."

Sie sagt, _____.

Er sagt: „Meine Schwester will schwimmen gehen."

Er sagt, _____.

Name: _____ Klasse: _____ Datum: _____

Die Räuber, Teil 1

Böser Franz

Ein Brief kommt.

Franz liest den Brief vor.

Im Brief steht, dass Karl ein böser Mann ist.

Vater Moor ist traurig.

Franz sagt:

„Karl soll nie wieder nach Hause kommen."

Der Vater will Karl wiedersehen.

Der Vater will Karl das Schloss schenken.

Nun ist Franz wütend.

Franz will das Schloss haben.

Name: _____ Klasse: _____ Datum: _____

Die Räuber, Teil 2

Der Brief

Lieber Franz!

Dein Bruder Karl leiht
sich Geld.
Er gibt das Geld nicht
zurück.
Karl hat auch eine Frau
beleidigt.
Karl ist ein böser
Mann.
Viele Grüße!

Dein Brief-Freund

Name: _____ Klasse: _____ Datum: _____

Die Räuber, Teil 3

Aufgabe: Schreibe die Anschrift auf den Briefumschlag.

Karl Moor
Sonnenstraße 12
04103 Leipzig

_____
Name

_____
Straße

_____   _____
Postleitzahl   Stadt

Name: _____   Klasse: _____   Datum: _____

Die Räuber, Teil 4

Aufgabe: Was ist das? Schreibe das Wort neben das Bild!

_____

_____

_____

04103   _____

1   _____

Straße - Stadt - Briefmarke - Briefumschlag - Postleitzahl

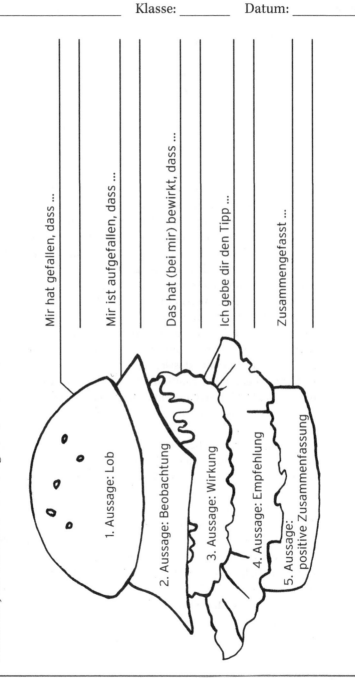

Name: _____ Klasse: _____ Datum: _____

Der Feedback-Burger

Aufgabe: Dieser reich belegte Burger enthält alles, was du für ein Feedback brauchst.
Schau dir jede Schicht an und trage ein, was dir dazu einfällt.

Mir hat gefallen, dass …

Mir ist aufgefallen, dass …

Das hat (bei mir) bewirkt, dass …

Ich gebe dir den Tipp …

Zusammengefasst …

1. Aussage: Lob

2. Aussage: Beobachtung

3. Aussage: Wirkung

4. Aussage: Empfehlung

5. Aussage: positive Zusammenfassung

Name: _____ Klasse: _____ Datum: _____

Lernszenario – Zeitungsartikel (1)

Nicht nur Facebook gefällt Schülern

> **Online** Schüler leben ganz selbstverständlich mit sozialen Netzwerken – Lehrer will beim Führerschein fürs Web helfen

Von unserem Reporter Alexander Hoffmann

1   Sie schreiben Nachrichten bei Wer-kennt-wen, sie teilen Fotos bei Facebook und tauschen sich aus via ICQ. Sie vergnügen, verlieben, verabreden sich in den sozialen Netzwerken. Die Jugendlichen bewegen sich ganz selbstverständlich im Netz, sie kennen es gar nicht
5   anders. Nur: Wie viel Medienkompetenz haben sie überhaupt? Und wie bereitet die Schule sie darauf vor, souverän mit der fortschreitenden Digitalisierung des Lebens zurechtzukommen?

    In der Philipp-Freiherr-von-Boeselager-Realschule in Ahrweiler erfährt man: Eine Alternative dazu, online zu sein, gibt es für die
10   Jugendlichen nicht – auch wenn sie die Schattenseiten des Netzes nie ganz verbannen können. Fünf Stunden am Tag sei er online, beziffert Marcell seinen Internetkonsum. „Facebook, Wer-kennt-wen, Onlinespiele" listet der Zehntklässler auf. Laut einer Studie des Forschungsverbunds Jugend, Information und Multimedia besuchen 39 Prozent
15   der 12- bis 19-Jährigen mehrmals täglich das eigene oder andere Profile bei Facebook und Co.

    Die Zehntklässler der Boeselager-Realschule dürften das noch häufiger tun. Von den 40 befragten Jungs zwischen 14 und 17 Jahren sind 38 in sozialen Netzwerken dabei, die meisten haben Profile auf meh-
20   reren Portalen. Das hat eine Umfrage in der Schule ergeben. „Facebook ist das wichtigste", findet Melissa. Ihre Freunde nicken zustimmend. Vom deutschen Netzwerk SchülerVZ spricht hier niemand. Facebook muss es sein. Dass das größte soziale Netzwerk von Datenschützern am härtesten angegriffen wird, wissen die Schüler. Und
25   gehen entsprechend vorsichtig vor. Melissa beschränkt sich auf Unverfängliches: „Ich poste Musikvideos, schreibe Nachrichten mit meinen Freunden. Adresse und Telefonnummer gebe ich lieber nicht an." Trotz ihres Misstrauens gegenüber Facebook gehört es einfach dazu, dabei zu sein.

▶

Lernszenario - Zeitungsartikel (2)

(Fortsetzung des Textes)

30 Selbst Saskia sieht das so – obwohl ein Unbekannter bei Facebook ein zweites Profil von ihr angelegt hat. Die 16-Jährige ist im Netz doppelt vertreten – ohne Kontrolle über ihre andere digitale Identität. Sie vermutet einen Verehrer hinter dem üblen Scherz, vielleicht einen älteren Mann. Und trotzdem: Die Lust an Facebook vermiese ihr das
35 nicht, sagt sie. Und schiebt erklärend hinterher: „Ich würde einfach zu viel verpassen ohne Facebook. Ich will mich nicht vergraulen lassen."

Was im Netz geht und wo man aufpassen muss, das will Deutsch- und Sozialkundelehrer Ralf Breuer den Schülern erklären. Auf dem
40 Lehrplan für die zehnte Klasse stehen die Themen „Medien, Kommunikation, Freizeit". Breuer, 42, Jeans, Trainingsjacke, sportliche Brille, organisiert ein Projekt mit den Schülern: Sie erstellen ein Podcast, verfilmen ihn, drehen ein Lehrvideo über Facebook. Vorsicht im Netz beizubringen und Medienpraxis zu ermöglichen, sind für Breuer zwei
45 Seiten derselben Medaille. „Wer weiß, wie schnell man Medien manipulieren kann, der fällt nicht mehr darauf herein."

Breuer glaubt, dass die Medienkompetenz der Schüler in den vergangenen Jahren merklich zugenommen hat. „Ich muss sowieso vorsichtig sein, weil ich mich bald bewerben will", sagt einer der Schüler.
50 Durch unpassende Fotos im Netz will er sich nicht die digitale Visitenkarte ruinieren. Breuer hat dazu eine Formel parat: „Was man im Internet teilt, sollte auch neben dem Vertretungsplan in der Schule hängen können." Das will er seinen Schützlingen mitgeben. Die Schüler vom Surfen abzubringen, liegt ihm fern. Und er weiß: „Allein für
55 die Außendarstellung brauchen die Jugendlichen das Netz, auch um zu flirten."

Breuer zieht einen Vergleich heran: „Wer betrunken Auto fährt und einen Unfall baut, kann seinem Wagen ja auch nicht die Schuld geben." Und Facebook, das sei nun einmal ein verdammt schnelles,
60 offenes Cabrio – „kein behäbiger, sicherer Kombi", grinst der Lehrer. Er will seinen Schützlingen dabei helfen, im digitalen Verkehr zurechtzukommen. Hinter das Steuer müssen die Jugendlichen aber selbst.

(Rhein-Zeitung vom 5. März 2012, Koblenz; © Alexander Hoffmann, Elz)

Lernszenario - Aufgabenkatalog

Aufgabe 1:
Schreibe eine Inhaltsangabe zu dem Zeitungsartikel.
Erarbeite ein Rätsel zu Informationen und Begriffen aus diesem Text.

Aufgabe 2:
Was bedeutet der Begriff „Medienkompetenz"? Recherchiere mit Hilfe verschiedener Medien (Internet, Lexikon, ...) und erstelle ein Informationsplakat.

Aufgabe 3:
Entwickle ein Konzept für ein altersgemäßes Online-Spiel.

Aufgabe 4:
Entwickle eine Umfrage zum Thema „Internetnutzung". Führe diese Umfrage durch und werte sie aus. Stelle die Ergebnisse graphisch dar.

Aufgabe 5:
Überlege, welche Argumente für das größte soziale Netzwerk sprechen und welche dagegen. Erstelle eine Pro- und Kontra-Liste.
Formuliere deine Meinung und begründe diese.

Aufgabe 6:
Erstelle zwei Soziogramme (Familie, Klasse) und schreibe eine Legende dazu.

Aufgabe 7:
Lies dir die Aussagen von Saskia (16 Jahre) in Ruhe durch. Wie könnte die Geschichte weitergehen? Schreibe einen Zeitungsartikel dazu. Zeige auch Handlungsmöglichkeiten des Opfers auf.

Aufgabe 8:
Stelle dir vor, du lebst in einer Welt ohne moderne Kommunikationsmittel (Computer, Handy, Fernseher, ...). Schreibe einen Bericht über deinen Tagesablauf. Womit verbringst du deine Zeit? Worin besteht der Unterschied zu deinem jetzigen Alltag?

Aufgabe 9:
Entwickle ein Werbeplakat mit einem passenden Slogan.
Es soll vor den Gefahren in sozialen Netzwerken gewarnt werden.

Aufgabe 10:
Ein Lehrer an deiner Schule bietet ein Projekt zum Thema Medienkompetenz an. Schreibe für ihn eine Rede, in der er sein Projekt detailliert vorstellt.

Aufgabe 11:
Gestalte eine Informationsbroschüre zum Thema „Verhaltensregeln im Internet".

Aufgabe 12:
Entwickle eine Collage zum Thema Facebook und soziale Medien.

Aufgabe 13:
Entwickle ein Quiz zum Thema Facebook und Medienkompetenz, in dem Team A und Team B gegeneinander antreten müssen.

Name: _____ Klasse: _____ Datum: _____

Buchpräsentation

Mein Buch heißt: _____

_____

Geschrieben wurde es von: _____

Das Buch hat _____ Seiten. Es hat / hat keine Bilder.

In dem Buch geht es um _____

_____

_____

_____

_____

Mir hat an dem Buch gefallen: _____

_____

_____

_____

Mir hat an dem Buch nicht gefallen: _____

_____

_____

_____

☐ Ich empfehle das Buch.　　☐ Ich empfehle das Buch nicht.

Name: _____ Klasse: _____ Datum: _____

Leistungsbewertung Deutsch-Arbeit

Deine höchstmögliche Punktzahl: _____

Deine erreichte Punktzahl: _____

Kompetenzprofil: Du kannst _____

_____

Kompetenz	Smileys ☺ ☺ 😐 ☹	Du hast dein Lernziel dazu ...
		☐ vollständig ☐ überwiegend ☐ teilweise erreicht.
		☐ vollständig ☐ überwiegend ☐ teilweise erreicht.
		☐ vollständig ☐ überwiegend ☐ teilweise erreicht.

Es zählen die Smileys so viele Punkte:

☺	☺	😐	☹
3 P	2 P	1 P	0 P

_____   _____
(Unterschrift Lehrkraft)   (Unterschrift Eltern)

Auswertung

Nr. _____ : max. _____ Punkte

Nr. _____ : max. _____ Punkte

Nr. _____ : max. _____ Punkte